Hans-Jürgen Benedict
Matthias Claudius.
Warum der Dichter den Mond besang
und das Leben lobte

Matthias Claudius
(1740–1815)

Hans-Jürgen Benedict

Matthias Claudius

Warum der Dichter den Mond besang
und das Leben lobte

Herausgegeben von Uwe Birnstein
in der Reihe „wichern porträts"

Wichern-Verlag

Hans-Jürgen Benedict, Dr. theol., geboren 1941, hat als Assistent an der Ruhr-Universität Bochum gearbeitet, war danach Pfarrer in Recklinghausen und Hamburg, 1991 bis 2006 Professor an der Evangelischen Hochschule für Soziale Arbeit und Diakonie in Hamburg. Mitherausgeber der Zeitschrift „Junge Kirche". Letzte Buchveröffentlichung in der Reihe „wichern porträts": Der Aufklärer – Wie Gotthold Ephraim Lessing die Religionen zur Toleranz ermunterte, Wichern-Verlag 2010

Zitate von Matthias Claudius sind kursiv gesetzt und in alter Rechtschreibung belassen.

© Wichern-Verlag GmbH, Berlin 2014
Umschlag: Thomas Puschmann – fruehbeetgrafik.de Leipzig
Satz: NagelSatz, Reutlingen
Druck und Bindung: Elbe Druckerei Wittenberg GmbH
ISBN 978-3-88981-381-7

Inhalt

Prolog

Nach Spuren des Wandsbeker Boten Matthias Claudius in Wandsbek muss man geduldig suchen. Was zu Claudius' Zeiten ein Gutsdorf war, ist heute ein großer Stadtteil, der 1937 nach Hamburg eingemeindet wurde und jetzt Bezirk Wandsbek heißt. Auf dem alten Kirchhof neben der wuchtigen Christuskirche, die an Stelle der im Krieg zerstörten Barockkirche (bei deren Einweihung Claudius dabei war) gebaut wurde, liegen die Gräber von Matthias und Rebecca Claudius. Es sind schlichte Grabkreuze aus Eisen mit Namen, Daten und Bibelvers. Bei Matthias ist es Johannes 3,16: „Also hat Gott die Welt geliebt, dass er seinen eingeborenen Sohn gab, auf dass alle, die an ihn glauben, nicht verloren gehen." Nahebei rauscht laut der Verkehr auf der Ausfallstraße Richtung Rahlstedt und stört die Andacht. Das Mausoleum des Grafen Schimmelmann, auf dessen Gattin Claudius ein Gedicht verfasste, steht weiß leuchtend etwas entfernt. Das Wohnhaus an der Hamburger Straße, heute Wandsbeker Marktstraße, in dem Claudius mit seiner Familie ab 1781 lebte, wurde 1943 bei den Luftangriffen zerstört. In dem Neubau, der zeitweise die „Matthias-Claudius-Bücherhalle" beherbergte, weist ein Steinbalken über dem Eingang auf die Bedeutung des Vorgängerbaus hin. Kaum vorstellbar die Idylle, die Johann Heinrich Voß schilderte: „Wir sind den ganzen Tag bei Bruder Claudius und liegen gewöhnlich bei seiner Gartenlaube auf einem Rasenstück und hören den Kuckuck und die Nachtigall." Dann ist da das Wandsbeker Gehölz („das schönste Gehölz, das ich kenne", so Voß), in dem Claudius mit Familie und Freunden oft spazieren ging. Hier erinnert ein 1840 errichteter Gedenkstein an den Wandsbeker Boten. Auf dem riesigen Wandsbeker Marktplatz mit U-, S- und

Busbahnhof steht eine 2001 geschaffene große Bronze-
plastik „Der Ehrensprung" von Bernd Stöcker. Hier tut
der Familienvater einen Sprung über ein Kind, das sich
in den Vierfüßlerstand begeben hat. Die 1872 eröffnete
Bürgerschule, später Gymnasium, wurde bereits 1890,
zum 150. Geburtstag, in Matthias-Claudius-Gymna-
sium umbenannt; an seinem Hauptbau ist zur Schloss-
straße hin eine Porträtplakette angebracht. In Hamburg
finden wir eine Gedenktafel an dem Haus Jungfernstieg
Nr. 22. Hier stand das Haus seines Schwiegersohns Perthes, in dem Claudius 1815 gestorben ist. Beim großen
Brand 1842 ist es abgebrannt. Heute steht hier ein
prächtiges Kaufhaus. Also nur wenige dinghafte Ge-
dächtnisspuren. Umso mehr Spuren in der Kultur, der
Literatur und der Musik. Aber stimmt das?

Da ist vor allem die Gegenwart des Abendlieds *Der
Mond ist aufgegangen*. Man kann ohne zu übertreiben
sagen: Es ist das einzige emotional-poetisch zu Herzen
gehende Abendlied, das noch von der Mehrheit der
Deutschen gesungen wird. So bei Eröffnung des Kirchentags in Hamburg 2013, wo es 100 000 Menschen
zwischen Alster und Elbe zum Schluss der Eröffnungs-
gottesdienste sangen. Gerade die letzte Strophe berührt
dabei merkwürdig: *Verschon uns, Gott, mit Strafen und laß
uns ruhig schlafen und unsern kranken Nachbarn auch*. Eben
dieser kranke und verfolgte Nachbar, der Kommunist,
der Jude, der Zigeuner, der Schwule, wurde in den Jahren der Nazi-Diktatur völlig vergessen. Man sang das
Lied, ohne an ihn zu denken, geschweige denn ihm zu
helfen. Und heute, in der Anonymität der Städte, denkt
man beim Singen vielleicht an den einsamen Nachbarn
nebenan, den man trotzdem nicht besucht.

Weiter sind da die volkstümlichen Ausgaben der
Werke Claudius. Ich habe eine, die unter dem Titel „Es
gibt was Bessres in der Welt", von Hans Jürgen Schultz
in vielen Auflagen herausgegeben, ausgewählte Werke
versammelt. So ist die Textsammlung des Wandsbeker
Boten ein Hausbuch geworden wie die Märchen der

Gebrüder Grimm, wie Brentanos und Arnims „Des Knaben Wunderhorn" oder wie die Gedichtsammlung „Der ewige Brunnen" von Ludwig Reiners. Aber wird sie das auch weiterhin sein? Kennen wir neben dem Abendlied andere Gedichte von Claudius – die *Sternseherin Lise* vielleicht, das *Kriegslied, Christiane, Lied hinter dem Ofen zu singen, Ein Wiegenlied bei Mondschein zu singen, Motteto als der erste Zahn durch war, Der Tod und das Mädchen, Der Mensch*, die beiden Kurzgedichte *Der Tod* und *Die Liebe*. Das sind mal gerade zehn Texte vom Vierzeiler bis zu acht Strophen. Aber wie viele von den Besuchern des Kirchentags, die das Abendlied mitsingen konnten, kennen ein anderes Gedicht von Claudius? Zu schweigen von seinen Prosatexten, gelehrten Abhandlungen, Rezensionen und Übersetzungen.

Meine Schriftstellerei ist Realität bei mir, sonst hols der Teufel, hat Claudius mal gesagt. Vom „Leben als Hauptberuf" sprach Biograf Reinhard Görisch. Da ist was dran. Aber Leben und Werk sind nicht identisch. Alles Geschriebene ist bei Claudius vom gelebten Leben durchdrungen, aber es verändert sich im Prozess des Dichtens und Schreibens. Ein Beispiel: Das erste Zahnen eines Kindes der Claudius-Familie ist ein Ereignis, das sonst vielleicht in der Familienbibel vermerkt wird. Aber in eine dichterische Form (*Motetto, als der erste Zahn durch war*) gebracht, verändert es sich allein durch die Schlusszeile: *Du liebes Kind! Gott halt ihn Dir gesund/ Und geb Dir Zähne mehr in Deinen kleinen Mund,/ Und immer was dafür zu beißen!* Claudius zitiert indirekt Luthers Erklärung zum 1. Artikel des Glaubensbekenntnisses, spielt auf karge Lebensverhältnisse an und setzt zugleich auf das Gottvertrauen, trotzdem durchzukommen. Oder jene pessimistisch getönte Neufassung des 90. Psalms in dem lapidar argumentierenden Gedicht *Der Mensch*. Der sich durchs Leben quälende Mensch wird in einer Reihung von Tätigkeitswörtern beschrieben: Er *glaubt, zweifelt, wähnt und lehret,/ Hält nichts und alles wahr;/ Er bauet und zerstöret/ Und quält sich immerdar/ Schläft, wachet, wächst, und zehret;/ Trägt braun und graues Haar etc./ Und dieses alles währet,/ Wenn's hoch kommt, achtzig Jahr./ Dann legt er sich zu seinen Vätern nieder,/ Und er kömmt nimmer wieder.* Das ist auch eigene Lebenserfahrung und doch längst nicht die ganze Wahrheit des geselligen Ehemanns, Familienvaters und Freundes, der Claudius doch war.

Solche Hintergründe wären auszuleuchten und dabei sein Leben zu erzählen, das bekannte und das unbekannte.

Also in Kurzform: Sohn aus altem Pastorengeschlecht, der auch mal Theologie studiert hat, aber es dann aufgab, weil er kein Pfarrer werden wollte, aber doch immer praktizierender Christ blieb. Humanistisch gebildeter Laie. Man könnte sagen, Claudius war der erste Laientheologe, der diesen Namen voll verdient. Beruf zunächst Journalist und gescheiterter Staatsbeamter, dann Schriftsteller und Redakteur. Bekannt geworden durch die Herausgabe der Zeitschrift *Der Wandsbecker Bothe* (so die ursprüngliche Schreibung). Der Titel der Zeitschrift wird zu seinem Markenzeichen. Hier schreibt er, ein Querkopf, unter dem Namen *Asmus* unverwechselbare Texte. Wie Claudius in seinem wenig ereignisreichen Leben diesen Botendienst wahrnimmt und in der literarischen Welt sich einen Namen macht, wie er eine große Familie gründet und immer wieder das Wunderbare im Alltag entdeckt, das möchte ich beschreiben. Wie er Gott als dem Grund des Lebens vertraut, wie er sich gegenüber der Revolution positioniert, in kriegerischen Zeiten den Frieden herbeisehnt und sich immer wieder mit dem Thema Tod und Sterben auseinandersetzt, das soll im Folgenden vor allem am Beispiel seiner Texte verdeutlicht werden. Die Lebenswelt und Kultur seiner Zeit, für uns inzwischen weithin fremd, kann dabei nicht übergangen werden. Gelegentlich werde ich assoziativ auf spätere Entwicklungen der von Claudius behandelten Themen verweisen und Aktualisierungen versuchen.

Erstes Kapitel

Von der Wiege bis zum ersten Wiegenlied

Reinfeld, wo Matthias Claudius am 15. August 1740 zur Welt kam, idyllisch zwischen sanften Hügeln und in der Nachbarschaft einiger kleiner Seen auf halbem Wege zwischen Bad Oldesloe und der Hansestadt Lübeck gelegen, war mehr ein Handwerker- als ein Bauerndorf. Seine Bewohner hingen nämlich vom Schloss ab, dem Witwensitz der Mutter des Herzogs von Plön, Carl Friedrich. Dieses winzige Herzogtum um den Plöner See hatte der Herzog 1729 mit Hilfe des dänischen Königs übernommen (nach seinem Tod 1761 fiel es zurück an den königlichen Teil Holsteins im dänischen Gesamtstaat). Und er hatte seinen Pastor Matthias Claudius Senior gleich mitgebracht von der Insel Alsen, wo er zuvor residiert hatte. Der Pfarrer gehört als geistliche Autorität zur Mittelschicht der Gebildeten zwischen Adligen, Kleinbürgern und Bauern. Auch wenn er von der Patronin, der Herzoginmutter, äußerlich abhängig ist, kann er eine innerliche Autonomie gewinnen, etwas was sich bis ins späte 19. Jahrhundert durchhält und mit für den deutschen Sonderweg einer verspäteten Demokratisierung verantwortlich ist. Es ist eine Vorform jener „machtgeschützten Innerlichkeit" (Thomas Mann) des Bürgertums, die ins Politische wenig eingreift.

Die Herkunft der Familie ist in der Hausbibel, die vom Vater als Familienchronik geführt wurde, belegt. Da sind väterlicherseits fünf Generationen einer Pastorendynastie aus der Gegend von Tondern/Nordschleswig, die mit dem sagenhaften Paul Claussen bis in die Reformationszeit zurückreicht. Claudius' Vater wurde 1703 geboren und 1730 in die Pfarrstelle Reinfeld eingeführt. Er heiratete in erster Ehe die Tochter des Flensburger Bürgermeisters Hoe, die, nachdem sie ihm zwei Söhne geboren hatte, 1737 verstarb. Schon im nächsten Jahr heiratet er Maria, die Tochter des Flensburger Ratsherrn Lorck. Matthias war der Zweitgeborene aus dieser Ehe. Die Familie der Mutter war ebenso fromm wie praktisch gesinnt, eine Tante der Mutter gründete in Flensburg ein Waisenhaus nach dem Vorbild der Franckeschen Stiftungen in Halle. Wie die Frömmigkeit der Mutter auf ihn wirkte, zeigt indirekt ein Brief an den Herrn Vetter im 5. Teil der *Sämtlichen Werke* (in dem es um das Unwohlsein von Asmus beim Singen der neuen Kirchenlieder geht): *So ein Befiehl du deine Wege z. E., das man in der Jugend in den Fällen, wo es nicht so war wie's sein sollte, oft und andächtig mit der Mutter gesungen hat, ist wie ein alter Freund im Hause, dem man vertraut und bei dem man in ähnlichen Fällen Rat und Trost sucht.* Also Gottvertrauen in schwierigen Zeiten (etwa das Jahr 1751, in dem ihr drei Kinder starben) in die Seelen zu pflanzen, war Anliegen der Mutter. Zugleich ging sie auf die kindlichen Bedürfnisse nach einer magischen Märchenwelt ein. So erzählte sie ihren Kindern nach dem Dunkelwerden Geschichten aus dem Volksmund. Ein Eintrag in die Cansteinsche Bibel, gedruckt im Waisenhaus zu Halle, die Matthias als Neunjähriger geschenkt bekam, zeigt, wie sehr sie ihren Zweitgeborenen liebte: „Laß das Wort Gottes dein edelster Schatz sein, denn dies wird dich unterweisen zur Seligkeit, und was du thust, bedenke das Ende, so wirst du nimmer Übles tun. Dies ist meine mütterliche Erinnerung und Vermahnung."

Ein pietistischer Einschlag ist dennoch weder bei der Mutter noch beim Vater zu bemerken, dessen Kirchenbucheintragungen nicht aus dem gut lutherischen Rahmen seiner Zeit herausfallen. Das, was mit Pietismus in Verbindung gebracht wird, Bußkampf, genaue Seelen-

Geburtshaus des Matthias Claudius in Reinfeld. Postkarte aus dem Jahr 1917

erforschung in Tagebuchform, aber auch Gesellschafts-
reform im Reichsgottesgeist, findet sich dann auch später bei Claudius nicht. Zwar könnte man sagen, dass
Claudius mit seiner bescheidenen Lebensweise und seiner sich schlicht gebenden Frömmigkeit zu den „Stillen
im Lande" gehörte, wie man die Pietisten ja auch nannte, aber er war kein Pietist, schon gar nicht ein gräm-
licher. Nein, ihn prägte ein lutherischer Glaube, vom
Vater vermittelt – der durch das Erlösungswerk Christi
Gerechtfertigte fügt sich in die Ordnungen der Welt,
Familie, Staat, Kirche ein.

Gerne vermerken Biografen besondere Erlebnisse
aus der Kindheit. Kaum ein später berühmter Mann,
der nicht fast in der Kindheit gestorben wäre. Das alte
Pfarrhaus lag mitten in einem Gartengelände, dicht an
den Garten grenzte der „Herrenteich", in welchem der
kleine Matthias einmal fast ertrunken wäre, hätte ihm
der jüngere Bruder Christian nicht rechtzeitig die ret-
tende Hand gereicht. Man darf sich vorstellen, dass
Claudius' Naturgefühl sich in dieser leicht hügeligen

Landschaft ausbildete. Der Wechsel der Jahreszeiten, der Gesang der Vögel, die Blüten an den Bäumen, aber auch der Schnee im Winter (man denke an sein *Lied hinterm Ofen zu singen*). Abenddämmerung und Mondnächte. Streifzüge mit den Bauernjungen in der Gegend. Matthias sprach selbstverständlich Platt. Auf der andern Seite wurde die Familie des Pastors ins Schloss zu Empfängen eingeladen, drei Geschwister von Matthias waren Patenkinder der Herrschaften.

Bis zur Konfirmation unterrichtete der Vater zusammen mit dem Organisten und Küster die Söhne selber, dann kam Matthias mit seinem Bruder Josias auf die Lateinschule in der Residenzstadt Plön, gelegen auf einer Landenge zwischen dem großen und dem kleinen Plöner See, mit dem prächtigen weißen Schloss (heute Ausbildungszentrum einer großen Optikerkette) auf der Anhöhe, von dessen Terrasse man einen unvergleichlich schönen Blick auf den großen See hat. Die Schule wurde geleitet von dem Rektor Ernst Justus Alberti aus Hamburg. Hier wurden die Sprachen Latein, Griechisch und für zukünftige Theologen auch Hebräisch gelehrt sowie eine Einführung in die klassische Literatur nebst Rhetorik, Geografie und Universalhistorie, all das auf rationalistisch-trockene Weise, Alberti war kein begeisternder Pädagoge.

Student in Jena, *Tändeleien* und Trauerrede auf den Tod des Bruders

Nach vier Jahren Lateinschule gehen die beiden Brüder Matthias und Josias 1759 auf die Universität Jena, um Theologie zu studieren. Hier waren zwar die Studiengebühren niedriger als an anderen Universitäten, wahrscheinlich wird Pastor Claudius von der Herzoginmutter dennoch einen Zuschuss erhalten haben, konnte er doch die Ausbildungskosten für zwei Söhne schwerlich allein aufbringen. In einem kleinen Heft gab der Vater dem Sohn Ratschläge mit auf den Weg: eine Ermahnung zum frommen Lebenswandel (tägliches Morgen- und Abendgebet, regelmäßiger Gottesdienstbesuch), Ratschläge für das Studierverhalten, Regeln für die alltäglichen Dinge wie Essen, Wohnung, Licht, Feuerung, Warnungen vor falschen Freunden, vor Verschwendung und (mit Jesus Sirach) vor Wein und Weibern. Aber ein Satz aus diesen 35 Sätzen, darauf macht Biografin Annelen Kranefuss aufmerksam, hat eine weiterreichende Wirkung gehabt. „Alle gute Gabe, auch die theure Gabe der Weisheit (müsse) von dem Vater des Lichts, von oben herab kommen", schreibt der Vater. Das hat Matthias Claudius sich gemerkt und in das *Bauernlied* aufgenommen, das mit dem Schöpfungschaos beginnt und dann im *Coro* der Bauern singt: *Alle gute Gabe kommt von oben her, von Gott, vom schönen blauen Himmel herab.* Theologie und Meteorologie gehen hier eine innige Verbindung ein. In dem bekannten Erntedanklied des Evangelischen Gesangbuchs „Wir pflügen und wir streuen", das auf dem Claudiustext basiert (er wurde von J.A.P. Schulz für das Hannoversche Gesangbuch von 1800 vertont) heißt der Refrain dann pädagogisch-fromm: „Alle gute Gabe kommt her von Gott, dem Herrn, drum dankt ihm, dankt und hofft auf ihn."

Mit diesen Mahnungen des Vaters im Gepäck beginnen die beiden Brüder das Theologiestudium. Das Haupt der orthodoxen Theologen war in Jena Johann Georg Walch, der Herausgeber der Werke Luthers. Walch war ein erklärter Gegner des damals den Diskurs bestimmenden Philosophen Christian Wolff, der die Welt allein aus logischen Gründen erklären wollte und Vernunft und Offenbarung zu versöhnen suchte. Dessen Vertreter in Jena waren die Professoren Polz und Reusch. Doch weder Walchs trockene Dogmatik noch die Anhänger der Wolff'schen Philosophie interessierten Claudius besonders. Über philosophische Spitzfindigkeiten hat er sich später im *Wandsbecker Bothen* lustig gemacht. Auf seiner Leseliste standen Autoren wie Johann Arndt, einer der Wegbereiter des lutherischen Pietismus, von den Kirchenvätern die eher persönlich schreibenden Augustinus und Laktanz sowie die frommen englischen Naturphilosophen des 17. Jahrhunderts, besonders Francis Bacon.

Nach einem Jahr brach er das Theologiestudium ab. Eine gängige Erklärung dafür ist ein Brustleiden, das ihn vor dem Amt des Pastors zurückschrecken ließ, litt er doch tatsächlich immer wieder an einer Anfälligkeit der Atemwege bis hin zum Blutspucken. Es kann auch sein, dass ihm die akademische Theologie nicht zusagte. Peter Berglar spricht von einer „seelischen Keuschheit", die das mit dem Amt verbundene Nach-außen-Kehren der Frömmigkeit verabscheute. Aber er hat sich später durchaus immer wieder über seine Gefühle und Glaubensstimmungen geäußert. Also war es wohl eher eine Suchbewegung des jungen Mannes, ein Fächerwechsel war durchaus üblich. Claudius wechselte also zur Juristischen Fakultät und belegte die sogenannten Kameralwissenschaften, das heißt die Wirtschafts- und Staatswissenschaften. Hier war Joachim Georg Darjes die führende Figur, ein Professor, der die Kunst des Selbstdenkens praxisbezogen zu vermitteln suchte. Seinen Schüler Johann August Schlettwein, den Claudius auch hörte und der später einer der führenden Physiokraten genannten Volkswirtschaftler Deutschlands wurde, der in Jena aber wegen seiner pantheistischen Glaubenseinstellung kritisiert wurde, verteidigte Claudius in dem Gedicht *Der nützliche Gelehrte*. Claudius kritisiert hier die Philosophen, die zwar gekonnt begrifflich darüber *plaudern*, wie man zum Beispiel einen Stein bewegt, aber *sich bis zum Nützlichen nie herunterlassen*. Das klingt fast wie eine Vorwegnahme von Marx' 11. Feuerbach-These, „die Philosophen haben die Welt nur verschieden interpretiert; es kömmt darauf an sie zu verändern", und ist jedenfalls eine deutliche Parteinahme in einem aktuellen Streit.

Claudius wurde Mitglied der „Teutschen Gesellschaft", einer Sprachgesellschaft, die sich nach dem Vorbild der gleichnamigen Leipziger Gesellschaft des Rhetorikprofessors Gottsched jeden Samstag außerhalb des Lehrbetriebs traf, um in geselliger Runde Übungen in der Dichtkunst zu veranstalten und einen guten deutschen Stil zu erlernen. Hier macht Claudius die Bekanntschaft des aus Holstein stammenden Heinrich Wilhelm von Gerstenberg und freundet sich mit ihm an. Gerstenberg wird später zu den Autoren gehören, deren Werk man die Bezeichnung „Sturm und Drang" gegeben hat. Sie begeistern sich für die Natur, entdecken den Geniemenschen, Herz, Gefühl und Shakespeare. Jetzt aber bewegt sich Gerstenberg, der dabei ist, Jena zu verlassen, um Offizier in Kopenhagen zu werden, noch in anderen Gefilden. Er hat gerade ein Buch mit dem Titel „Tändeleyen" veröffentlicht. Ein Werk, das von keinem Geringeren als Gotthold Ephraim Lessing in Friedrich Nicolais Berliner „Briefen die neueste Literatur betreffend" positiv rezensiert werden sollte. Es sind anakreontische Gedichte auf den Wein, die Liebe und anmutige Schäferinnen nach dem Vorbild der französischen Rokokopoesie. Claudius ist schwer beeindruckt und versucht sich auch in dem Metier. *Ich habe auch Tandeleien gemacht*, bekennt er dem Freund brieflich am 8. Oktober 1762, *Tandeleien, denn ich wusste nicht, wie ich sie anders nennen sollte.* Doch Claudius Tändeleien werden von der Kritik zerrissen. Und in der Tat sind die Turnübungen Gott Amors auf Mädchenbusen und Schlüsselblumen von unfreiwilliger Komik. „Es sind platteste Nachahmungen Gerstenbergs und Gellerts. O mein Gott! müssen denn die Studenten auf den Universitäten tändeln", ruft Nicolai aus, bezichtigt Claudius gar des Plagiats und beendet seine Kritik mit dem Verdammungsurteil: „Nun genug von diesem Stümper." Das hat Claudius hart getroffen, er schämte sich sehr. Dabei gelingen ihm auch ein paar Dinge, etwa die Verserzählung *Der fromme Heide*, der in einer Trockenperiode vor dem Mondgott sein Brandopfer entzündet und so ernsthaft betet, dass der sofort einsetzende Regen sein *heilig Feuer* auslöscht, fast eine Umkehrung der Erzählung von Elia und den Baalspriestern (1. Könige 19), jedenfalls eine Mahnung an die Christen, Gott nicht *durch Kaltsinn* zu entehren. Das Büchlein erlebt trotz der Verrisse sogar eine zweite Auflage.

Doch das einschneidende Erlebnis dieser Jahre ist der Tod des Bruders Josias. Im Herbst 1760 erkranken beide Brüder an den Blattern, wie man damals sagte. Gegen die Pocken gibt es noch kein Heilmittel. Matthias überwindet die Krankheit aus eigener Kraft, der Bruder aber stirbt in seinen Armen am 19. November 1760. Wie erwähnt hatte Claudius schon als Kind drei Geschwister verloren, doch selbst der nahe Tod geht an Kindern oft fast ohne Spuren vorüber. Josias aber war der Lieblingsbruder seiner Jugendzeit und der enge Vertraute beim ersten Aufenthalt in der Fremde. Wie kann ein guter Gott, der als Vater unser Glück will, diesen frühen Tod gewollt beziehungsweise verursacht haben? So fragt Matthias in einer Rede, die er nach akademischem Brauch am Grab des Bruders vor den im Leichenzug mitziehenden Professoren, darunter der Ex-Prorektor der Universität, und Studenten hält: *Ob und wieweit Gott den Tod der Menschen bestimme*, so der Titel der Trauerrede. Es ist eine Rede, die in gefälliger Beredsamkeit, so wie er sie wohl in der „Teutschen Gesellschaft" gelernt hatte, daherkommt. Im ersten Teil beschreibt Claudius physiologisch nach dem damaligen Stand der Medizin das Erlöschen der Körpersäfte und das Absterben der Körperkanäle wie der Nerven als von Gott gewollte natürliche Ursache des Todes im Alter. Ein Greis, der ein langes Leben hinter sich hat, kann deshalb mit der Aussicht auf *größere Freuden* loslassen: *Glücklicher Greis, wie beneidenswert ist dein Tod! Ohne Angst, ohne Schmerzen unter dem Gefühle der Freude schläfst du ein.* So erklärt Claudius die mit Vernunft und Wissen übereinstimmende, von Gott gewollte Anlage unseres Lebens bis zum natürlichen Tod, alt und lebenssatt. Was aber ist mit den Ursachen des unnatürlichen Todes, was ist mit Mord, Selbstmord und von Tyrannen verübtem Massenmord? Das kann unmöglich Gottes Wille sein. Und was ist mit denen, die früh sterben? Und jetzt führt Claudius die Hörer in der dramatischen Klimax seiner Rede an *das Todbette eines Jünglings, ach sehen Sie meinen Bruder sterben*. Er beschreibt den Todeskampf ungeschminkt, das Röcheln, das entstellte Auge, die ringenden Hände, die Todesangst, beschreibt sie als *trostlose Klage* über seine eigene *Fühllosigkeit*. Dieser frühe Tod kann nicht von Gott bestimmt sein, sagt er und endet mit der paradoxen Auskunft: *Ich bin unglücklich, aber du bist unschuldig, (…) es war dein Wille nicht*, entschuldigt er Gott und rettet so sein gütiges, väterliches Gottesbild. Denn Gott, *wenn er weinen könnte*, würde jetzt selber eine *mitleidige Träne* weinen. Der Schluss der Trauerrede imaginiert empfindsam, wie er bei blassem Mondschein zum Grab des Bruders hinschleicht und weint.

Mit Recht kann man fragen, ob Matthias Claudius eine solche elaborierte Rede innerhalb von zwei Tagen nach dem Tod des Bruders verfassen konnte, ob er nicht auf andere Trauerreden zurückgegriffen hat. Inhaltlich fällt auf, dass Christi Tod und Erlösungswerk mit keiner Silbe erwähnt werden. Die Theodizeefrage als kritische Frage danach, wie weit das Unrecht in der Welt mit einem gütigen Gott vereinbar sei, wird also von Claudius weit vorangetrieben, um dann abgebrochen zu werden. Ein Vierteljahrhundert später lässt Jean Paul in dem Roman „Siebenkäs" in einer Angstvision den „toten Christus vom Weltgebäude herab" sagen, „dass kein Gott sei" und keine Auferstehung.

Das Unbegreifliche des Todes zu erfassen, das wird das Thema von Matthias Claudius bleiben – eine lebenslange Auseinandersetzung mit Tod und Sterben. *Das Sterben ist nichts Leichtes*, sagt noch der 74-Jährige. Weniger vollmundig als die Rede ist das in den *Tände-*

leien und Erzählungen zwei Jahre später abgedruckte Gedicht zum Tod des Bruders, das poetisch-rhetorisch sich zurücknehmend so beginnt: *Ich mag heut nicht im Dichterschmuck erscheinen./ Mein Lied sei traurig wie mein Herz.* Nein, Gott scheint nur zu strafen, er meint es treu, auch wenn der geliebte Bruder stirbt. Die letzten vier Zeilen sind stockend – mit Gedankenstrichen. *Und dieser Redliche – sag's traurig, mein Gedicht,/ Er starb in meinem Arm – – – dort ist er eingegraben –/ O GOTT – Nein – – ich will ihn nicht wiederhaben –/ Ach – zürn auf diese Träne nicht.* Das lässt schon den späteren Claudius ahnen, der im Gespräch mit sich und anderen existenzielle Fragen bedenkt.

Auf der Suche nach einem Beruf – Reinfeld-Kopenhagen-Reinfeld

Nach drei Jahren kehrt Matthias Claudius allein ins heimatliche Reinfeld zurück, zwar ohne akademischen Abschluss, aber keinesfalls mit einem abgebrochenen Studium, wie manche Biografen behaupten. Für die Mehrzahl der Studierenden war damals ein Universitätsbesuch ohne Graduierung die Regel. Mit dem Titel „etudiant en droit" konnte er sich für den öffentlichen Dienst bewerben. Zunächst einmal musste er die durchgängige und scharfe Kritik an seinen *Tändeleien* von 1762 verarbeiten. „Der Gestus defensiver bis komischer Selbstherabsetzung", der sich später bei Claudius beobachten lässt, könnte, so Kranefuss, eine Auswirkung dieser ersten großen Verunsicherung sein. Die vielgerühmte Bescheidenheit des Boten wäre also sozusagen eine erlernte Überlebensstrategie.

Dennoch: Weitere dichterische Versuche aus dem Reinfelder Jahr liegen nicht vor. An Gerstenberg schreibt er im Oktober 1763 nach der Abschrift eines Wiegenliedes für die kleine Tochter seiner Schwester: *Das sind in einem ganzen Jahr fast alle Reime, die ich gemacht habe, und vielleicht habe ich's klug gemacht, daß ich's dabei habe bewenden lassen. Hätte ich sonst noch was machen sollen, so hätte ich es vom Grab und von Totengräbern und Bahren und Beinhäusern, von Einöden, darin hie und da Alpen von Menschenschädeln trauren, sein müssen, denn das ist itzo mein Feld.* Diese traurige Selbstauskunft lässt nicht unbedingt auf eine Depression schließen. Die Hypochondrie war mehr eine Modekrankheit der damaligen Intellektuellen. Gerstenberg gab eine Wochenschrift mit dem Titel „Der Hypochondrist" heraus und Claudius wollte dem Freunde wohl deutlich machen, dass er auch zu dieser Sorte angekränkelter Leute gehört und damit zu jenen, die auch gerne Autor werden wollen. Neue Freunde teilen diese Stimmungen – der ihm schon aus Jena bekannte Magister Schmidt, der ihn mit Klopstocks reimlosen Oden bekannt macht, und Friedrich Ernst Schönborn, gleichfalls ein Pfarrerssohn, mit dem sich ein reger Briefwechsel entwickelt und mit dem er bis ins Alter befreundet bleibt. Dieser macht ihn mit Shakespeare und mit der Mathematik bekannt.

Claudius kümmert sich vermehrt um eine Anstellung, schickt Erkundungs- und Bewerbungsschreiben an Bekannte. Und endlich klappt es auch. Er bekommt, wohl über die Vermittlung des Bruders seiner Mutter, Josias Lorck, Pastor an der deutschen Friederichskirche in Kopenhagen, die Sekretärsstelle bei einem Grafen Holstein, der in die königlich-dänische Heeresverwaltung in Kopenhagen berufen worden war (Schleswig-Holstein wurde damals von Dänemark regiert, Claudius ist also formell dänischer Staatsbürger). Im März 1764 segelt Claudius mit einem Paketboot von Lübeck in die dänische Hauptstadt. Hier kommt er in Kontakt mit der Prominenz von Kopenhagens deutscher Kolonie, die sich in der deutschen Sankt-Petri-Kirche im Stadtzentrum trifft. An erster Stelle ist Graf Bernstorff zu nennen, dänischer Außenminister und Leiter der Deutschen Kanzlei. An zweiter schon Friedrich Gottlieb Klopstock. Er ist die bewunderte Zentralgestalt des Kreises von Intellektuellen, die dabei sind, „vom dänischen Ende Deutschlands her" (Herder) die deutsche Literatur zu erneuern. Klopstock hatte 1748 die ersten drei Gesänge des „Messias" drucken und zugleich die Öffentlichkeit wissen lassen, er könne dieses Epos aus finanziellen Gründen nicht vollenden. Und was geschah? Der dänische König erbot sich 1751 auf Bernstorffs Rat hin, Klopstock nach Kopenhagen zu holen, damit er hier sorgenfrei seinen „Messias" zu Ende schreiben könne – eine dichterisch erweiterte Christologie auf Staatskosten (mit dem Ergebnis übrigens, dass der Stoff immer breiter und langweiliger wurde – „ich brauche nur drei Verse darin zu lesen, dann bin ich müde wie der Daus", sagt der Teufel in Grabbes Komödie „Scherz, Ironie, Satire und tiefere Bedeutung"). Klopstock war bekanntlich auch ein leidenschaftlicher Anhänger des Schlittschuhlaufens. Claudius tat sich darin hervor und Klopstocks Ode „Der Eislauf" soll an ihn gerichtet sein, den „Jüngling, der den Wasser-Kothurn zu beseelen weiß, und flüchtiger tanzt".

Claudius lernt hier die Familie des Grafen Stollberg kennen, mit den beiden Stollberg-Brüdern, 15 und 16 Jahre alt, die es zu einem gewissen literarischen Ruhm bringen sollten, hat er später viel Kontakt. Als der Graf Holstein 1765 seinen Abschied nimmt, wird sein Sekretär arbeitslos. Um eine durchaus mögliche weitere Tätigkeit im dänischen Staatsdienst bewirbt er sich nicht, sondern kehrt nach Reinfeld zurück. Die nächsten drei Jahre in Reinfeld sind so etwas wie der weiße Fleck in Claudius' Biografie. Er hilft bei der Obsternte, schickt *ein Töngen Äpfel* nach Kopenhagen, vor allem aber nutzt er wohl die Zeit, um viel zu lesen und sich musikalisch zu vervollkommnen. Einmal steht sogar eine Organistenstelle in Lübeck in Aussicht, die ihm wohlmeinende Freunde verschaffen wollen. Allerdings muss er sich mit einem Konkurrenten im Vorspielen stellen. Dieses pro forma will Claudius nicht mitmachen und sagt dem Magistrat, er habe seinen Mitbewerber spielen hören, der verdiene die Stelle eher als er. Er ziehe seine Bewerbung dankend zurück.

Claudius schreibt einsilbige Briefe an Schönborn, so am 9. Februar 1767 als Antwort auf dessen Kopenhagener *Nachrichtenallerlei*: *Der pflügt, der drischt, der läßt's sein, der ist krank, der traurig, der liebt, der fällt in den Schnee, der stirbt, der brennt ab – das würden meine Neuigkeiten sein.* Um dann noch zu fragen, ob der Empfänger vielleicht jemanden wisse, *der dem Feuer zum Trotz dem Abgebrannten (der 8 Pferde, 6 Kühe und ein Haus verloren hat) mit Gewalt ein Pferd aufdringen wollte.* Hier leuchtet sie zum ersten Mal auf – die Würde des Alltäglichen, über die wenig geht. Und die praktische Nächstenliebe, die nicht viele Worte macht.

Im Mai 1766 stirbt seine einzige Schwester Dorothea Christine, Mutter von vier Kindern, im Alter von nur 22 Jahren. Das später im *Wandsbecker Bothen 1. und 2. Teil* veröffentlichte Gedicht *An – als ihm – die starb* soll er für den trauernden Schwager verfasst haben. Es beschwört mit seinen biblisch getönten Bildern und Vergleichen Vergänglichkeit wie Auferstehungshoffnung und schließt im letzten Vers mit dem Bild vom Adler die antike Tradition mit der christlichen kurz. *Der Säemann sät den Samen,/ Die Erd empfängt ihn, und über ein kleines/ Keimet die Blume herauf.* Der Verlust und die Verzweiflung am Grabe werden beschrieben, die *Wolke des Todes und der Verwesung* benannt, noch gesteigert durch das alttestamentliche Bild der Vergänglichkeit:

Wie Gras auf dem Felde sind Menschen
Dahin, wie Blätter! Nur wenige Tage
Gehn wir verkleidet einher.
Der Adler besuchet die Erde,
Doch säumt nicht, schüttelt vom Flügel den Staub, und
Kehret zur Sonne zurück!

Unverkennbar ist diese Trauer-Ode von Klopstock be-
einflusst, das Gedicht wurde sogar unter seinem Namen
nachgedruckt. Und doch ist es schon ein eigener Claudius-Ton, der sich hier meldet. Nicht melden tat sich
der Dichter des „Messias". In einem Brief an Schönborn
beklagt Claudius sich: *Klopstock hat nicht geschrieben,
schreibt nicht und wird wohl auch nicht schreiben.* Claudius
hat Klopstock hoch geachtet und gelobt, über das wunderbare traurige Gedicht „Die frühen Gräber" soll er
später schreiben: *Das wollt ich wohl gemacht haben.* Aber
freundschaftlich nahe kommen sich die beiden nicht,
der Großdichter und der kleine bescheidene Bote. Doch
dann vermittelt Klopstock ihm 1768 den Weg zur Mitarbeit an einer Hamburger Zeitung. Und damit steht
fest: Nach drei Jahren Zwischenspiel in Reinfeld geht es
für Claudius nach Hamburg, zu einem Beruf, der kaum
seinen Mann ernährt, zu dem des Journalisten. Er wird
die Puppe werden, aus der der Schriftsteller heraus-
kriecht.

Die erste Stelle – Redakteur bei den Hamburgischen Adreß-Comtoir-Nachrichten

Wie sah es in der Freien und Hansestadt Hamburg aus,
in die Claudius 1767 kam? „Der Hamburger ist die
ganze Woche über in seinen Geschäften, als wenn er
um Tagelohn arbeiten müsste, (…) er nimmt seine
Kopfrechnungen überall mit", schreibt 1760 Christian
Ludwig von Griesheim in seiner Laudatio Hamburgs.
„Nach anstrengender Tagesarbeit setzt er sich abends
gern zu einem reichen Mahle nieder." In den anony-
men „Briefen eines reisenden Franzosen über Deutschland an seinen Bruder in Paris" bemerkt Riesbeck 1783:
„Die Hamburger sind die ersten Protestanten, die ich
sah, welche im Essen gut Deutschkatholisch geblieben
sind." Der Pracht und Ausstattung liebende Kaufmann
wusste vor allem die berühmte Oper am Gänsemarkt

und ihren 1765 errichteten Nachfolgebau, das „Ackermannsche Comödienhaus", zu schätzen, in welchen
glänzende Dekorationen und prunkvolle Kostüme zu
barocker Musik Herz und Sinne erfreuten. So weltoffen
und aufstrebend Hamburg in Handel und Wandel war,
politisch war es eher konservativ, wurde von einer Oli-
garchie einflussreicher Familien regiert, die den Senat
bildeten. Weniger als ein Viertel der Einwohner besaß
die bürgerlichen Grundrechte. Kirchlich war es von
einer starren lutherischen Orthodoxie unter der Führung des Hauptpastors Goeze an St. Katharinen bestimmt, die den lockeren Lebenswandel der Hamburger
Kaufleute in ihren Predigten immer wieder aufs Korn
nahm. Aber es gab auch der Aufklärung verpflichtete
Theologen.

Hamburg wuchs ständig und zählte um 1800 bereits
100 000 Einwohner, damit wuchs auch die Armutsbe-
völkerung. Sozial aufmerksame bürgerliche Kreise
sahen das Problem und gründeten 1765 die Patriotische
Gesellschaft, die „Hamburgische Gesellschaft zur Beför-
derung der Künste und nützlichen Gewerbe". Ihr erster
Präsident war der greise Professor Samuel Reimarus,
der die später von Lessing veröffentlichten bibelkritischen „Fragmente eines Ungenannten" verfasst hatte.
Sein Sohn, der Arzt Albert Heinrich Reimarus, führte
in Hamburg die Pockenimpfung und den Blitzableiter
ein. Diese Kreise waren aber zugleich sehr an Literatur,
Musik und Theater interessiert. Einige von ihnen unter-
stützen 1767 das Projekt eines „Deutschen National-
theaters" und holten Lessing nach Hamburg; das
geschah gleichzeitig mit dem Amtsantritt des neuen
Kirchenmusikdirektors Carl Philip Emanuel Bach, dem
Sohn des großen Johann Sebastian Bach.

Nun war Hamburg als größte deutsche Handelsstadt
zugleich auch eine wichtige Pressestadt, immer für
Einflüsse aus England offen, etwa den der „Moralischen Wochenschriften" (wie dem „Spectator"), nach
deren Vorbild 1725 „Der Patriot" gegründet wurde. In

Hamburg wurde die Zensur nicht so streng gehandhabt, es gab gute Auslandsverbindungen und eine kleine, aber interessierte großbürgerliche Leserschaft. Ein Vetter Klopstocks, der Legationsrat Leisching, war Eigentümer zweier Presseorgane geworden, die „Kayserlich privilegierte Hamburgische Neue Zeitung" und die „Adreß-Comtoir-Nachrichten". Da er kein Hamburger Bürgerrecht besaß, musste er auf den erfahrenen Journalisten Johann Michael Dumpf zurückgreifen, der das Privileg für beide Zeitungen beantragte und auch Chefredakteur wurde. Dumpf war also der eigentliche Blattmacher und ihm wurde Claudius empfohlen. Die Neue Zeitung, sie sollte Literarisches und Politisches bringen und zählte Leute wie Lessing und Gerstenberg zu ihren Autoren, erschien vier Mal wöchentlich, die Adreß-Comtoir-Nachrichten (ACN), zuständig für Lokales und Merkantiles, zwei Mal pro Woche. Claudius soll Dumpf als redaktionelle Hilfskraft bei beiden Zeitungen zur Hand gehen. In einem der Vorderzimmer des Dresslerschen Kaffeehauses nahe der Zollenbrücke, dem Treffpunkt der Kaufleute und Gelehrten, hilft Claudius Dumpf bei der Auswahl der Nachrichten, merkwürdiger Begebenheiten (curiosities) und moralischer Geschichten für die Adreß-Comtoir-Nachrichten. Den wichtigen Wirtschaftsteil muss er aktuell zusammenzustellen: Schiffsmeldungen, Wechselkurse, Kornpreise. Auch die Post des Chefredakteurs muss er erledigen, kann aber so bei Freunden wie Gerstenberg anstehende Rezensionen bestellen. Claudius lernt das Handwerk also von der Pike auf, bekommt aber schon bald von Dumpf die Verantwortung für Adreß-Comtoir-Nachrichten übertragen, so dass dieser sich ganz der Neuen Zeitung widmen kann. Die Bezahlung ist schlecht, entsprechend dürftig auch das erste Zimmer, das er mietet, *eine Stube, aus der ich täglich mit Lebensgefahr zu einem Nachtstuhl im Keller herabsinken muß.* Aber Claudius kann zunehmend die kleine literarische Ecke der Adreß-Comtoir-Nachrichten auf seine Weise gestalten. Er tut es vor allem satirisch auf eine eher komplizierte Weise des Um-die-Ecke-Denkens. So lässt Claudius einen gewissen John Bickerstaf aus London schreiben, der sich als Korrespondent bewirbt. Dieser, wohl ein Nachfahr einer gleichnamigen Figur von Jonathan Swift, gibt dann auch ein schönes Beispiel seiner von Mitleiden bestimmten Beobachtungsgabe: *Vorgestern morgen fand man in einem der neuen Häuser, die nahe bei Marybone gebaut worden, einen Mann in sehr lumpichter Kleidung tot, der vermutlich vor Kälte und Hunger gestorben war. O hätte ich ihm den Abend vorher einen Schilling gegeben.*

Es sind kleine Artikel, pour le jour geschrieben; sie entstehen aus den Zufälligkeiten der Nachrichtenlage, aus hingeworfenen Notizen. Diese Alltagsbeobachtungen, vielleicht sogar mit einem In-den-Tag-hinein-Leben verbunden, werden Claudius' Produktion auch später im *Wandsbecker Bothen* bestimmen. Er nimmt sich keine Großformate vor – Erzählungen, Monografien, ganz zu schweigen von Romanen oder Langgedichten. Was er hier ausprobiert, sind kleine kommunikative Formen mit genauem Realitätsbezug.

Das Fräulein war aus Sachsen und hieß Minna –
Claudius' gewitzte Kritik der „Minna von Barnhelm"

Das schönste Stück von Claudius in den Adreß-Comtoir-Nachrichten ist die Korrespondenz zwischen Fritz, seinem Vater und seiner Tante über Lessings Lustspiel „Minna von Barnhelm", das in Hamburg am 8. November 1767 durch die Ackermannsche Schauspieltruppe aufgeführt wurde. Claudius hat hier den wunderbaren Einfall, das Stück von einem *naiven unwissenden Jüngling* vom Lande kommentieren zu lassen, der die Kunstwelt des Theaters nicht durchschaut, er hält die Logen für Bücherregale und die Handlung für real, und der nun seinem Vater darüber Bericht erstattet:

Der Major von Tellheim hatte, das konnte ich wohl mer-
ken, dem Fräulein die Ehe versprochen und wollte sie auch
noch gerne haben, wollte sie aber auch nicht haben, weil er
unglücklich geworden war. Das junge Fräulein freuete sich
herzlich, daß sie ihren Tellheim wiedergefunden hatte, und
wollte ihn mit allem seinem Unglück, sie stürmte erst mit
freundlich muntern Einfällen und edler Schalkhaftigkeit,
dann mit verstelltem Unglück und einer großmütigen Ent-
sagung auf sein Herz. Oh! ich kann ihnen nicht recht so
sagen, wie das alles war; aber ich will ihr Fritz nicht sein,
wenn mir nicht dreimal bei dem, was die Leute sagten und
taten, die Tränen in die Augen getreten sind (…). Das Fräu-
lein war aus Sachsen und hieß Minna von Barnhelm (…).
Sie war so witzig, so ungekünstelt, so sanft, für die ich unge-
nannt und ohne Belohnung alles in der Welt hätte tun kön-
nen. Ich habe auf meine eigene Hand Jubel gesungen, daß
die Sache so nach ihrem Wunsch ablief. Nun wird sie wohl
mit ihrem Tellheim schon auf ihre Güter in Sachsen gereist
sein, und ich werde sie nicht wiedersehen.

Fritz wird von einem ihn begleitenden Vetter Steffens
(ein geschickter Kunstgriff) aufgeklärt, *daß ein Mann,*
der Lessing heißt, und der sich hier aufhalten soll, die ganze
Geschichte gemacht habe. – Nun so vergeb's ihm Gott, daß er
dem Major und dem armen Fräulein so viel Unruhe gemacht
hat. Er wolle den Hut nicht abnehmen, wenn er ihm
begegne, aber das Stück würde er gerne noch mal
sehen: *Mir war den ganzen Abend das Herz so groß und so*
warm – ich hatte einen heißen Durst nach edlen Taten – ja,
ich glaube wahrhaftig, wenn man solche Leute oft sähe, man
könnte endlich selbst rechtschaffen und großmütig mit ihnen
werden.

Eine gewitztere Kritik kann man nicht schreiben, auch
nicht besser Lessings Mitleids- und Dramentheorie in
praxi erproben. Die Wirkung des Stücks, die der naive
Fritz bei sich konstatiert, Tränen und der Wunsch,
angesichts der im Stück abgehandelten Großmutswett-

bewerbe ein besserer Mensch zu werden, ist auch heute noch erfahrbar.

Ganz anders die Reaktion einer dümmlich-bigotten Tante, die Claudius auch einen Brief an den Neffen schreiben lässt: *Du bist in dem Haus mit dem Vorhange gewesen, Du Sündenwisch, und solch ein Unglück muss ich noch auf meinen alten Tagen an meiner Schwester Kind erleben.* Noch heute will sie Fritz und den Herrn Vetter als *Universitätserben* streichen, *und ihr könnt zappeln, ihr heimlichen Sündenböcke.* Man kann diesen Brief als deutliche Stellungnahme Claudius' in dem von Hauptpastor Goeze angezettelten Hamburger Theaterkrieg lesen. Und der entstand so: Es war bekannt geworden, dass der Bergedorfer Pastor Schlosser in seiner Jugendzeit Dramen verfasst hatte, die auch anonym aufgeführt worden waren. Das galt als unvereinbar mit der Amtswürde eines Geistlichen. Die Kirchenleitung wurde attackiert, Goeze als Senior der Hamburger Kirche ging daraufhin mit einer Schlosser beleidigenden Kritik an die Öffentlichkeit und lieferte mit der Schrift „Theologische Untersuchung über die Sittlichkeit der deutschen Schaubühnen" die theoretische Begründung nach. Darin geißelte er das Theater als „Tempel der Wollust" und kritisierte es (als würde er Schillers Plädoyer von 1788 für eine „gute stehende Schaubühne" als die Religion ablösende moralische Anstalt vorausahnen) als unliebsame Konkurrenz zur Kirche. Indem nun die Tante ähnlich undifferenziert den Theaterbesucher als *Sündenwisch* kritisiert, nutzt Claudius den „Theaterstreit für einen Lacheffekt auf Kosten Goezes" (Kranefuss). Es ist zwar nicht bekannt, wie Lessing auf diese gewitzte Theaterkritik reagiert hat, vorstellbar ist, dass er sie als Polemiker, der gerne die Schwächen anderer Autoren vorführte, geschätzt und ihren Verfasser für seinen humoristischen Einfall gelobt hat.

Ihre Liebe ist mir wie die Liebe der Frauen –
wichtige Freundschaften

Ein guter Freund wird in dieser Zeit der erwähnte aus Livland stammende Johann Gottfried Herder, der Hamburg im März 1770 besucht. Claudius schreibt erfreut an Gerstenberg: *Herder ist seit 8 Tagen hier und reist heute von Hamburg nach Kiel. Er kommt aus Frankreich und Holland und wird wieder, wie man sagt, auf Reisen gehen (...) Er ist sehr lebhaft.* Herder, der später Freund Goethes und Superintendent in Weimar werden sollte, war als Kritiker und Theorie-Ästhetiker bereits eine bekannte Größe. Lessing vor allem wollte er in Hamburg treffen und mit ihm sich austauschen. Aber er traf auch auf Matthias Claudius und war von ihm angetan. Dieser sei „das größte Genie", das er in Hamburg gefunden, ein Mensch „von sonderbarem Geist und von einem Herzen, was wie Steinkohlen glüht – still, stark und dampficht." Als er abgereist ist, schickt ihm Claudius ein gewagtes Liebes-Bekenntnis nach: *Ein Mädchenbusen vor einem Jünglingsmunde, der Küsse witterte, schnell weggerückt – so Herder aus Hamburg.* Man sieht an solchen Zitaten, wie leicht entflammbar Freundschaftsgefühle in dieser Zeit waren. Es gab eine Erotik der Männerfreundschaft, die wohl homoerotische Untertöne hatte, aber keine Praxis bedeutete. *Ihre Liebe ist mir wie die Liebe der Frauen*, schreibt Claudius schwärmerisch in einem späteren Brief an Herder, in dem er ihn um Mitarbeit an dem *Wandsbecker Bothen* bittet, damit eine Aussage des biblischen Königs David über dessen Busenfreund Jonathan zitierend. Es wird eine Freundschaft, die lange währt, die aber nicht ohne Trübungen abgeht. Den Menschen Claudius wird Herder immer schätzen, sein Werk weniger. Aber er wird sein *Abendlied* als einziges zeitgenössisches Beispiel 1779 in den Band „Stimmen der Völker in Liedern" aufnehmen. Herder vermittelt Claudius die Bekanntschaft mit Johann Georg Hamann – der von seinen Verehrern

„Magus des Nordens" genannte, mystisch angehauchte, oft dunkel schreibende Gelehrte aus Königsberg wird für Claudius ein wichtiger Brief- und Gesprächspartner.

Von den Hamburger Bekannten ist neben Lessing vor allem Carl Philipp Emanuel Bach zu nennen. Der Sohn des Thomaskantors Bach war zu Ostern 1768, aus Berlin kommend, Hamburgs neuer Musikdirektor geworden. Gerstenberg bat Claudius doch mit Bach Kontakt aufzunehmen, wohl in der Hoffnung, dieser würde seine Texte vertonen. Und so erstattet Claudius dem Freund ausführlich brieflichen Bericht, wie er beim ersten Mal unangemeldet bei Bach geklopft habe, der ihn aber abfertigte. Wie er beim nächsten Mal dann mit Lessing hingegangen sei, wie Bach auf dem berühmten kleinen Silbermannschen Klavier mit seinem *hellen, durchdringenden, süßen Ton* gespielt habe, zwei Adagio und ein Allegro, wie ein guter Redner, der nicht eine vorbereitete Rede abliest, sondern *der ganz ruhig eine Welle nach der andern aus der Fülle seiner Seele herausströmen lässt.* Wie er selbst etwas vorspielte und Bach ihn lobte, er spiele „mit Leib und Seele". Bei anderer Gelegenheit spricht er Bach auf die Kantate Clarissa auf einen Text von Gerstenberg an, doch Bach verweist auf die noch zu komponierende Passionsmusik. In 14 Tagen habe er Zeit. Claudius bricht in den Klageruf aus: *Nun so komponiert denn eure Passionsmusik, Herr Kapellmeister; alles Vieh auf dem Felde und alle Vögel unter dem Himmel und ich wollen euch nicht stören, bis die 14 Tage um sind.* Dann schreibt er Gerstenbergs Frau: *Menschen ist es nicht gegeben, Bach zum Komponieren zu bewegen, er ist faul.* Es scheint, dass Claudius hier seinen Ärger auf Gerstenberg, der ihn immer wieder als Mittler für Kompositionen auf seine Texte benutzt, ganz auf Bach verschiebt. Ein „Musikalisches Vielerley" von Bach, auch auf Gerstenberg-Texte, bespricht Claudius nicht sonderlich positiv in der Hamburgischen Neuen Zeitung 1770: *Bach hat sich bemüht leicht zu sein; ein Autor verliert allemahl, wenn er sich einen gewissen Zwang antun muss und sich nicht ganz seinem Genie überlassen kann.* Bach war „not amused". Doch die Briefe an Gerstenberg über Bach und seine Musik zeigen Claudius' große Kennerschaft auf diesem Gebiet. Claudius spielte gut Klavier und besuchte in Hamburg viele Konzerte.

Von Gottesdienstbesuchen berichtet Claudius in seinen Briefen nicht; war die väterliche Ermahnung zu einer regelmäßigen religiösen Praxis vergessen? Oder waren die Predigten, die doch damals eine große Beredsamkeit entfalteten, nicht der Erwähnung wert? Zu vermuten ist, dass er in den Gottesdiensten des Katharinen-Pastors Alberti war, von dessen Krankheit er berichtet. Später im *Wandsbecker Bothen* wird er auf den Streit zwischen dem orthodoxen Goeze und dem liberalen Alberti eingehen.

Einmal erwähnt er, dass *der leidige Amor sein Werk* in ihm hat, aber er will sich nicht weiter drüber auslassen. In den Briefen wird auch seine schlechte materielle Situation deutlich: Er bittet Gerstenberg um Übersetzungsaufträge, damit er was zu essen hat. Einmal begründet er, wieso er den Brief nicht frankieren kann. Den Freund Schönborn pumpt er sogar an, um über die Runden zu kommen.

Claudius selber veröffentlicht einige schöne Gedichte in den Adreß-Comtoir-Nachrichten, so *Ein Wiegenlied bei Mondschein zu singen* in der Neujahrsausgabe des Jahres 1770. Hier ist der Claudius-Ton auf einmal voll da.

So schlafe nun du Kleine!/ Was weinest du?/ Sanft ist im Mondenscheine,/ Und süß die Ruh./ Auch kommt der Schlaf geschwinder,/ Und sonder Müh/ Der Mond freut sich der Kinder/ Und liebet sie. Er liebt zwar auch die Knaben,/ doch Mädchen mehr,/ Gießt freundlich schöne Gaben,/ Von oben her/ Auf sie aus, wenn sie saugen/ Recht wunderbar;/ Schenkt ihnen blaue Augen/ Und blondes Haar./ Alt ist er wie ein Rabe,/ Sieht manches Land,/ Mein Vater hat als Knabe/ Ihn schon gekannt.

Hier taucht zum ersten Mal der Mond als nächtlicher Gesprächspartner und Beschützer auf.

Der Mond ist hier der Segnende, der sozusagen die Stelle Gottes des Schöpfers einnimmt, obwohl er doch biblisch gesehen sein Werk ist. Claudius betreibt fast eine poetische Mond-Vergötzung, die den Erdtrabanten, ein „kleines Licht, das die Nacht regiere", wie die Bibel im Buch Genesis entmythologisierend sagt, wieder zu einem gottähnlichen Gestirn macht. Fast könnte man meinen, Thomas Mann habe in „Joseph und seine Brüder" in der bezaubernden Mondszene des jungen Joseph – dieser wirft dem Nachtgestirn Kusshändchen zu –, Matthias Claudius' Dialoge mit dem Mond zum Vorbild gehabt.

Der Junggeselle Claudius hat dies Wiegenlied erdacht und damit eine Situation antizipiert, die ihm Jahre später als Vater einer wachsenden Kinderschar vertraut werden sollte – diese Mischung der eigenen Sehnsucht nach Geborgenheit mit der elterlichen Fürsorge für das kleine Geschöpf, das man im Arm hält und in den Schlaf singt, all das in einem beschützten Weltinnenraum, der von dem harten und geschäftigen Treiben draußen für diesen Moment getrennt scheint. Im dritten Jahr seiner Redakteurstätigkeit wagt es Claudius, zarte Lyrik zu veröffentlichen, darunter das schöne Bekenntnisgedicht *Phidile*, in dem ein Bauernmädchen (der Name stammt von Horaz) von seiner ersten Liebe erzählt – in einem neuen volksliedhaften Ton, den 700 Kilometer südlich in Straßburg ähnlich ein junger Jurist namens Goethe in seinen Friederike-Liedern anschlägt.

Beiläufig erwähnt Claudius in einem Brief an Schönborn vom 7. Juni 1770, dass zu Michaelis seine Arbeit bei den Adreß-Comtoir-Nachrichten beendet sein werde. Er wolle lieber *graben und betteln* gehen als eine ungerechtfertigte Abmahnung seitens des Verlegers Leisching hinzunehmen, so kann man den Brief wohl deuten. In der Familienüberlieferung ist von unentschuldigtem Fernbleiben vom Arbeitsplatz die Rede.

War Claudius faul, unzuverlässig? Oder passte dem Verleger die Art seiner journalistischen Tätigkeit nicht mehr, die geistreich-spielerischen Einlassungen, Gedichte wie das *Mailied* und der *Pasquill* (Schmähschrift) *aufs Geld*? Hatten sich Leser beschwert? Am 1. Oktober verabschiedet sich Claudius von seinen Lesern. Es ist eine Art Abrechnung mit ihnen wie mit dem Verleger. Womit soll er den *Herrn Gevatter*, den er als Dialogpartner erfunden hatte, unterhalten? *Vom Türkenkrieg? Nicht vom Krieg; ich habe darin recht dummes Haar, es steigt gleich bergan, sobald ich nur vom Kriege höre (...) Von Amorn? Von Amorn muss man nicht Briefe schreiben, er haßt die Schwätzer, der kleine holde Götterknabe der! (...) also von Genie und Geschmack? Ei was gehn Sie und mich Genie und Geschmack an?* Und jetzt kommt's: *Also von nichts? Ja doch, von nichts, meinetwegen, das ist gerade das Fach, darin dem ich am stärksten bin.* Anders gesagt: Aus dem Nichts entstehen die Gedanken, das leere Blatt Papier vor dem Autor auf dem Schreibtisch als Symbol des Nichts füllt sich langsam mit Einfällen. Schreiben, Dichten als neue creatio ex nihilo. Der Schriftsteller als „kleiner Nachahmer Gottes", wird Heine später sagen. Aber dieses Nichts hat bei Claudius sozusagen noch eine existenziell-materielle Seite. Er steckt gerade mittendrin: Ich *bin itzt nichts und habe itzt nichts*, schreibt er an Schönborn und bittet ihn, da der *väterliche Segen* dürftig war, um finanzielle Hilfe.

Doch dann ein Lichtspalt am Horizont. Schon kurz darauf kann er an Herder schreiben: *Bode legt zu Neujahr 1771 eine Zeitung in Wandsbeck an und ich werde sie schreiben helfen.* Derselbe Johann Joachim Bode, mit dem der große Lessing bei seinem Verlags- und Druckereiprojekt in Hamburg so grandios scheiterte, ist der Geburtshelfer einer neuen Zeitschrift, die mit dem unbedeutenden Claudius als Redakteur und Verfasser ein paar Jahre lang Aufsehen erregen sollte.

Zweites Kapitel
Der *Wandsbecker Bothe*

Wie kam es zur Gründung des *Wandsbecker Bothen*? Wandsbek war ein Dorf vor den Toren Hamburgs, zu Fuß brauchte man eine Stunde dorthin, ein adliges Gut, das dem königlich-dänischen Schatzmeister Baron von Schimmelmann gehörte. Schimmelmann, ein geadelter Unternehmer großen Stils, war während des siebenjährigen Kriegs reich geworden und von Graf Bernstorff mit der Sanierung der dänischen Staatsfinanzen beauftragt worden. Er wusste sein wirtschaftliches Interesse mit dem Dänemarks geschickt zu verbinden und erfand den „atlantischen Dreieckshandel", der ihn noch reicher machte. Das hieß: „Transport von afrikanischen Sklaven aus Guinea auf die Zuckerrohrfelder der dänischen Karibikinsel, von dort Verschiffung des Rohrzuckers nach Hamburg, Verarbeitung in den dortigen Zuckersiedereien, schließlich Export von Flinten, Schnaps und Baumwolle nach Afrika und in die Kolonien" (Kranefuss). Also ein rücksichtsloser kolonialistischer Unternehmer, der es durch Ausbeutung zu Reichtum brachte und jetzt aristokratisch Hof hielt. Er kaufte die Güter Ahrensburg und Wandsbek mit den dazugehörigen Dörfern und Wirtschaftsbetrieben. In Wandsbek ließ er das alte Schloss abreißen und ein neues klassizistisches bauen, legte einen Landschaftsgarten, das Wandsbeker Gehölz, an. Sehenswürdigkeiten, die Claudius in *Wandsbeck, eine Art Romanze* besang.

In Wandsbek nun erschien der „Wandsbeckische Mercurius", ein Skandalblättchen für die unteren Schichten, das besonders in der Kolumne „Aus Capadozien" genüsslich die Skandalchronik des Hamburgischen Staats, seiner Senatoren und Institutionen ausbreitete. Sehr zum Ärger der Hamburger, die schließlich erreichen konnten, dass Graf Schimmelmann das Blatt einstellen ließ und mit Hilfe des Wandsbeker Ortspastors Hahn nach einem neuen Herausgeber Umschau hielt. Er fand ihn in dem umtriebigen Hamburger Druckereibesitzer Johann Joachim Bode. Im Herbst 1770 schreibt Claudius an Herder (und ähnlich an Gerstenberg): *Bode legt zu Neujahr 1771 eine Zeitung in Wandsbeck an und ich werde sie schreiben helfen. Sie soll wie die meisten Zeitungen einen politischen und einen gelehrten Artikel haben.* Er bekennt, er wisse noch nicht, *wie er das Ding angreifen soll – ein naiver launiger Ton in den Rezensions wäre freilich ganz gut.* Und dann direkt, Herder zu forschgenitalem Verhalten auffordernd: *Helfen Sie mir das Wechselbalg zur Welt zu bringen oder schwängern Sie mich, wenn bei mir vielleicht alles nur Geschwulst und aufgedunsenes Wesen sein sollte.* So redeten Männer unter sich, Schiller sollte später Ähnliches von Goethe sagen: „Ich betrachte ihn (Goethe) wie eine stolze Prüde, der man ein Kind machen muss, um sie vor der Welt zu demütigen."

Den Freund Schönborn fordert Claudius auf, ihm einen gelehrten Artikel zu schreiben. Er bittet ihn weiter, bei dem gemeinsamen Bekannten, dem Kupferstecher Preisler in Kopenhagen, wegen der Zeichnung des Titelkartons für den Boten dringlich um Hilfe zu bitten. Wenn er das tue, *will ich euch mehr Dank schuldig sein, als Mars der Venus sagte, als sie sich den Gürtel auflösen ließ.* Man sieht an den gewählten Vergleichen wohl auch, unter welchem beruflichen wie sexuellen Druck Claudius in dieser Zeit stand.

Bode und Claudius wählten als Name der Zeitung *Der Wandsbecker Bothe.* Kein Götterbote und auch kein evangelischer Bote, das wurde er später in den *Sämtlichen Werken* zuweilen schon, sondern eher ein Postbote, einer, der Nachrichten bringt und sie auch kommentiert. Ganz wie in dem Neujahrsgedicht der ersten Ausgabe:

Ich bin ein Bote und nichts mehr,
Was man mir gibt, das bring ich her.
Gelehrte und polit'sche Mär,
Von Ali Bey und seinem Heer.

So heißt es auf der Titelseite des ersten Boten am 1. Januar 1771 in Anspielung und zugleich in Unterscheidung zu der „guten neuen Mär", die der Engel in Luthers Weihnachtslied „Vom Himmel hoch, da komm ich her" bringt. Und dann geht der Bote kurz die Weltlage durch (wie heute der Sprecher in der Tageschau), erwähnt neben dem ägyptischen Statthalter Ali Bey (auf den er später ein Klagegedicht schreibt) besonders die Kriege der russischen Zarin gegen die Türken, den Prinzen Heraklius in Persien, mischt dazwischen allgemein Menschliches mit Wirtschaftsmeldungen und globalen Nachrichten.

Vom roten Gold, vom Sternenheer,
Von Unschuld, Tugend, die noch mehr
Als Gold und Sterne sind –
(Virgil läßt auch oft Verse leer)

Claudius meint hier die Szene in der „Äneis", in der, wie der Lateiner weiß, Dido und Äneas in der Höhle sich liebend vereinigen. Und dann geht es prosaisch und lustig weiter:

Vom Heringsfang, von Freud und Gram,
Von Bender, das der Russe nahm,
Vom Lotto, das aus Welschland kam
Und nicht Quaternen mit sich nahm,
Vom Podagra von Horn und Ham,
Vom Zuckerrohr in Surinam
Vom großen Mogul und Madam etc

Die große und die kleine Welt, davon will er berichten, von allen Enden der Erde, aber nicht aus Cappadocia, will sagen: nicht den Klatsch aus Hamburg wie das vorige Wandsbeker Blatt. In dem *Wandsbecker Bothen*, der als Zeitung zwischen 1770 und 1775 erschien, blieb Claudius weitgehend anonym. Er ist der Redakteur, der dem gebildeten Publikum, nicht dem einfachen Volke, Politisches und Gelehrtes mitteilt – in einem angenehmen anspielungsreichen Plauderton, *naiv-launig* nennt ihn Claudius selbst. „Schreibe, wie du sprichst" (Gellert), das scheint die Maxime. Der Bote, der so erzählt und kommentiert, erhält nach einiger Zeit den Namen Asmus (wie Claudius darauf gekommen ist, ist unklar). Dazu erfindet er einen Herrn Vetter, den Freund Andres und den Herrn Ahrens, ihren gemeinsamen etwas pedantischen Lehrer. Durch diese personelle Vervielfachung kommt Lebendigkeit in die angestoßenen Diskurse, man kommentiert, kritisiert, nimmt Bezug, ironisiert. Claudius betreibt das journalistisch-aktuelle Geschäft in ironischer Distanz. Etwa so in Nr. 2 des Jahres 1772: *Die Herren Banks und Solander, die schon lange haben absegeln sollen und schon abgesegelt sind und noch nicht abgesegelt sind, werden doch noch absegeln, sagt man.* Es geht, und das weiß dann nur der informierte Leser, um zwei Wissenschaftler, die Captain Cook bei seiner Weltumsegelung begleiten sollen (und es dann doch nicht tun). Eine brisante politische Nachricht wie die vom Sturz Struensees, des Leibarztes und Beraters des dänischen Königs, wird am 22. Januar 1772 nur lakonisch mitgeteilt, pikante Details werden verschwiegen (wie sie Enquist in seinem vielgelesenen Roman „Der Besuch des Leibarztes" von 2001 ausbreitet), der Vorgang nicht kommentiert.

Bode und Claudius bemühen sich um Beiträge anderer Autoren, die wie die von Claudius meistens mit Chiffren versehen werden. Klopstock liefert neben Schäfergedichten auch Oden, Claudius rezensiert sie begeistert. Herder schreibt Kritiken, Beiträge kommen von Gerstenberg und vor allem von den Mitgliedern des Göttinger Hainbunds, Voß, Hölty, die Gebrüder Stolberg, Cramer. Claudius selbst veröffentlicht seine ersten gelungenen Gedichte (*Die Mutter bei der Wiege, Am Grabe meines Vaters, Der Frühling* u.a.). Pastor Alberti bespricht theologische Bücher. Langsam wird die Zeitung in Deutschland bekannt, obwohl der Verkauf zu wünschen übrig lässt. Auch der junge Goethe veröffentlicht im Elsass gesammelte Volkslieder und eigene Verse im *Bothen*. Claudius rezensiert 1774 „Die Leiden des jungen Werthers". *Weiß nicht, ob's 'n Geschichte oder 'n Gedicht ist; aber ganz natürlich geht's her und weiß einem die Tränen recht aus 'm Kopf heraus zu holen. Ja, die Liebe ist 'n eigen Ding.* Aber dann bemerkt er auch kritisch, dass Werther anstatt aktiv zu sein, etwa zu verreisen, sich so in sein Unglück verrennt, dass er daran kaputtgeht. Ja, man soll über *die menschliche Schwachheit weinen*, aber wenn man ausgeweint hat, den Kopf fröhlich heben und die Hand in die Seite stemmen. Auch theologische Streitigkeiten werden im *Wandsbecker Bothen* verhandelt, etwa der berühmte Streit zwischen den Pastoren Goeze und Alberti, der in Hamburg für Aufregung sorgte.

Dies mag als Einblick in die Zeitung und in Claudius Tätigkeit als Redakteur genügen. Als der Verleger das Blatt nach fünf Jahren sanft entschlafen lässt, da ist sein Redakteur, der unter dem Namen Asmus schrieb, ein bekannter Mann, der mit den literarischen Größen seiner Zeit verkehrt. Claudius nutzt diese Bekanntheit, um seine Texte unter dem Titel: *Asmus omnia sua secum portans oder Sämmtliche Werke des Wandsbecker Bothen I. und II. Teil* 1775 veröffentlichen. Bis 1812 folgten sechs weitere Teile. Dieser *Wandsbecker Bothe* wird ein großer Erfolg, ein Hausbuch der Deutschen wie später das „Schatzkästlein des rheinischen Hausfreunds" von Johann Peter Hebel. Dass er das wurde, das hing entscheidend mit einem Ereignis in Claudius' Biografie zusammen, nämlich damit, dass er in Wandsbek die Frau seines Lebens fand.

Mein Bauernmädchen –
auf Brautschau in Wandsbek und Heirat

Mit dem Antritt seiner Stelle als Redakteur des *Wands-becker Bothen* war Claudius nach Wandsbek gezogen. In Hamburg hatte er dürftig genug gewohnt. Jetzt suchte er eine Wohnung. Nach einer beglaubigten Familientradition fand er am Lübecker Steindamm ein Haus zur Miete gestellt, aber verschlossen. Von Nachbarn erfuhr er, dass der Schlüssel dazu sich in den Händen des Zimmermeisters Behn befände. Er ging dahin, fand aber nur die sechzehnjährige Rebecca zu Haus. Das Behältnis, in dem sich der Schlüssel befand, war verschlossen; Rebecca holte ein Beil (!), um es zu öffnen. Von dieser kurzen Szene und flüchtigen Unterhaltung her behielt Claudius das Mädchen im Herzen. Öfter sah er sie dann, wenn sie zum Nähunterricht bei der Küsterin an seinem Haus vorbeiging. Eine andere Überlieferung besagt, er habe sie frühmorgens beim Milchaustragen nach Hamburg begleitet. Wie dem auch sei, kurz darauf, im September 1771, berichtet er seinen Freunden Gerstenberg und Herder, er habe *ein Mädchen lieb gewonnen, ein einfältiges ungekünsteltes Bauernmädchen.* Und dann bittet er die Freunde, ihm doch bei der Beschaffung einer kleinen Amtsverwalter- oder Lehrerstelle behilflich zu sein, damit er sie *zur Männin machen,* sprich heiraten könne. Das mit dem Bauernmädchen stimmte so nicht ganz. Vater Behn gehörte zur Schicht der unselbständigen Handwerker. Die Landwirtschaft wurde von den Frauen der Familie nur als Nebenerwerb betrieben, zusammen mit einer kleinen Gastwirtschaft. Rebecca war also nur ein halbes Bauernmädchen. Aber die Liebe zu ihr entsprach dem Ideal der damaligen Schriftsteller, ein junges und naives Mädchen aus dem Volk zu lieben, eine Art Schäferin, wie sie die Gedichte damals bevölkerten. Und Claudius konnte gegenüber seinen Freunden nicht nur mit dem poetischen Ideal, sondern mit einer liebenswerten Person aus Fleisch und Blut aufwarten, eben seinem *Bauernmädchen*. Wenn Claudius als Pastorensohn und Studierter eine Handwerkertochter heiratete, so war es gleichwohl eine unübliche Heirat unter seinem Stand. Doch das schien ihn nicht zu bekümmern. Herzensbildung war ihm wichtig. Er hält also bei dem Vater um die Hand des jungen Mädchens an. Als er dessen Zusage hat, bereitet er seinen Freunden mit der Art seiner Hochzeit eine richtige Überraschung: Er lädt sie alle ein, ihn am Sonntag, den 15. März 1752 zu besuchen – seinen alten Freund Schönborn, Martin Ehlers, den Rektor des Altonaer Gymnasiums, den verehrten Klopstock, seinen Verleger Bode, dazu noch den Ortspastor Hahn sowie zwei oder drei andere Herren. Den Grund des Zusammentreffens hat er nicht genannt, alle stehen herum, da taucht auf einmal Vater Behn mit seiner bräutlich geschmückten Tochter Rebecca auf. Und Claudius holt eine königliche Heiratserlaubnis aus Kopenhagen aus der Tasche und bittet Pastor Hahn, Rebecca und ihn zu trauen. Die Überraschung ist geglückt – ohne Aufgebot und aufwendige Hochzeitsfeier, die wohl finanziell nicht möglich gewesen wäre. Was war neben den Finanzen der Grund für diesen Coup?

Man hat vermutet, es musste so schnell gehen, weil ein Kind unterwegs war. Tatsächlich hat Rebecca sieben Monate nach der Trauung einen Sohn zur Welt gebracht, der wenige Stunden nach der Geburt starb. Claudius schreibt an Herder: *Mein Bauernmädchen hat schon einen kleinen Bauernjungen geboren, aber 2 Monat zu früh. Er hat nur einmal in ihrem Arm zum Mond bitterlich aufgeweint, dann ging er wieder heim.* Ich denke, man kann seiner Auskunft trauen, dass es eine Frühgeburt war. Sexuelle Enthaltsamkeit vor der Ehe war gerade in bürgerlich-christlichen Kreisen ein Wert, nach dem man sich auch richtete. Und wenn es Claudius auch gedrängt haben sollte, „Vater und Mutter zu verlassen und seinem Weibe anzuhangen", um „ein Fleisch zu werden", wie es in 1. Mose 2,24 heißt – er war ja schon

31 Jahre alt –, er wird, auch wenn er das Hochzeitsge-
schäft so eilig betrieb, der jungen Rebecca nicht vor der
Eheschließung beigewohnt haben. Claudius empfand
Liebe und Sexualität als eine Gottesgabe. Am 27. März
schreibt er im *Wandsbecker Bothen*, der Spruch *Er schuf
sie ein Männlein und ein Fräulein stehe nicht umsonst in der
Bibel.* Wenn uns die Frauen mit ihren *Taubenaugen* ver-
wirren, so sei das von Gott gewollt. *Ihn jammerte des
Menschen, der im Schweiß seines Angesichts sein Brot essen
und mit viel Mühe und Widerwärtigkeiten im Tal der Verwe-
sungen ringen muß, und Gott beschloß ihm einen Trost zu
schenken und Vorempfindungen eines bessern Lebens.* In
dem Sonderbaren und Unbegreiflichen bei der Liebe
vermutet Claudius *Gottes Finger.* Dieses Liebesglück
wollte er nun auch genießen in einer vergänglichen
Welt.

Die Trauer um den kurz nach der Geburt gestorbenen
Sohn teilt er verschlüsselt in dem *Brief an den Mond No.
3* seiner vertrauten Freundin Frau Luna mit: *Ich komme
eilig zu ihnen mit einer Träne im Auge. Sie – heilige Klagge-
stalt! Heimchen der Natur! Sie wimmern zu hören, und mich
einen Augenblick in den Falten ihres sanften Gramschleiers
zu verbergen – Oh, es dauert mich so, daß sie ihren kleinen
Endymion verloren haben.* Hier überlagern sich der Verlust des Kindes und die Legende von dem verlorenen
Geliebten der Mondgöttin Selene. Vielleicht ist auch
das Gedicht *Bei dem Grabe Anselmos* ein poetischer
Reflex auf diesen Verlust: *Daß ich dich verloren habe/ Daß
du nicht mehr bist,/ Ach! daß hier in diesem Grabe/ Mein
Anselmo ist/ Das ist mein Schmerz,/ das ist mein Schmerz!!!/
Seht, wir liebten uns, wir beide,/ Und, solang ich bin, kommt
Freude/ Niemals wieder in mein Herz.*

Das Redakteursgehalt ist schmal, kaum ausreichend
für den Unterhalt einer Familie. *Wenn ich jährlich 100
Thaler mehr hätte, würde ich mich nach gar nichts umsehen.
So ist freilich angusta res domini.* Auf deutsch: Schmal-
hans ist Küchenmeister. Aber Claudius vertraut wohl
auf den unterhaltenden Gott, trotz der Einwände der

Freunde: „Aber heiraten hätt er noch nicht sollen. Die Zeitung trägt nicht so viel, daß eine Familie davon leben kann." So tadelt der neue Freund Voß noch zwei Jahre später den Boten. Auf der andern Seite ist es Voß, der dieses „Muster einer glücklichen Ehe" in höchsten Tönen lobt, der Rebecca voll Sympathie schildert und das einfache naturnahe Leben der Eheleute. Im Juni 1774 besucht er sie, die erstgeborene Tochter Caroline ist gerade ein paar Monate alt. Bei einem Spaziergang im Gehölz „ward Claudius von der Nachtigall gerührt und erzählte mir die Geschichte mit seiner Frau. (…) Seine Frau ist wirklich sehr artig, und sie lieben sich beide aufs äußerste. Wechselweis wiegen sie ihre Tochter, oder tragen sie auf dem Arm herum. (…) Hernach gingen wir in seinen kleinen Garten. Seine Frau hatte ihr Kopfzeug abgenommen und sah ganz wohl aus, mit den langen hellbraunen Haaren, die bloß zusammengebunden über ihre Schulter hingen."

Rebecca erwies sich als eine Frau, die trotz ihrer geringen Bildung in Gesellschaften bestehen konnte. Matthias brachte ihr das Cellospiel bei, so dass sie zusammen musizieren konnten.

In der Tat war den beiden ein märchenhaftes Eheglück beschieden. Als seine Frau nach schwerer Geburt das zweite Kind, Caroline, zur Welt bringt, ist der Vater überglücklich. Die schon zuvor gedichteten Wiegenlieder kann er jetzt zur Anwendung bringen. Rührend die kleine Szene: *Als er sein Weib und's Kind an ihrer Brust schlafend fand.*

> *Das heiß ich rechte Augenweide,*
> *'s Herz weidet sich zugleich.*
> *Der alles segnet, segn' euch beide!*
> *Euch liebes Schlafgesindel, euch!*

Die Familie wuchs ständig. Rebecca brachte elf weitere Kinder zur Welt, zum Kummer des Vaters zunächst „nur" Mädchen. Matthias Claudius scheute sich nicht, das Leben und Treiben seines Hausstandes der Öffentlichkeit immer wieder in Gedichtform mitzuteilen. *Meine Schriftstellerei ist Realität bei mir, sonst hols der Teufel*, hat er einmal gesagt. Viele seiner Gedichte sind Momentaufnahmen seines familiären Lebensglücks, geschrieben zu Anlässen wie den folgenden: *Die Mutter bei der Wiege*. Oder: *Motetto, als der erste Zahn durch war*.

Am 4. Dezember 1773 war Claudius' Vater gestorben. Wie sehr ihn das erschütterte, zeigt das Gedicht *Bei dem Grabe meines Vaters*.

> *Friede sei um diesen Grabstein her!*
> *Sanfter Friede Gottes! Ach, sie haben*
> *Einen guten Mann begraben,*
> *Und mir war er mehr.*

Der Sohn dankt dem Vater für seine Wohltaten und hofft auf seine Auferweckung durch *Jesus Christus groß und hehr*. Das Gedicht endet ritornellartig mit der anfänglichen Klage: *Ach sie haben/ einen guten Mann begraben/ und mir war er mehr*.

Trösterin war für Claudius die Musik. Er hatte eine schöne Stimme und sang gerne, musizierte mit anderen, freute sich darauf, dass Hölty nach Wandsbek kommen würde, weil der Violine spielte, schrieb musikalische Rezensionen, verteidigte die gute Musik, während er die leichte Musik, das *ewige Quinkelieren* kritisierte, freundete sich mit dem Musiker Reichardt an, der einige seiner Texte vertonte. Und er dachte immer wieder mal daran, als Organist ein Auskommen zu finden.

Ein *Luftstreich* über die theologischen Streitigkeiten in Hamburg

In Hamburg steht am Hafen die schöne Katharinenkirche mit ihrem barocken Turmhelm. Hier war Johann

Melchior Goeze zu Claudius' Zeiten Hauptpastor und zugleich Senior der Hamburger Kirche. Goeze war ein ernsthafter lutherischer Theologe, es ging ihm um den Glauben als ein wichtiges Gut des Menschen. Er predigte temperamentvoll, liebte Endzeitpredigten und sah zum Beispiel im Erdbeben von Lissabon, über das er kurz nach seiner Ankunft in Hamburg 1755 predigte, eine gute Gelegenheit, um den Hamburgern zu demonstrieren, was geschehen würde, wenn sie nicht von ihrem gottlosen Lebenswandel ließen. Er „zog seine Leute", wie Lichtenberg bemerkte, „an den Haaren in den Himmel". (Die Leute von ‚Mahagonny' sagen bei Brecht zu Gott: „An den Haaren kannst du uns nicht in die Hölle ziehen.") Mit allen möglichen Kollegen, die er der Ketzerei verdächtigte, geriet Goeze in Streit. Vor allem verteidigte er das orthodoxe Luthertum als alleinige Grundlage staatlichen Wohlergehens und stritt mit Erfolg gegen die Zulassung öffentlicher Religionsausübung für Calvinisten und Katholiken in Hamburg. Er war, wenn man so will, mehr Kirchenpolitiker als Theologe und das brachte ihn dann einige Jahre später gegen Lessings Publikation und Verteidigung der bibelkritischen „Fragmente eines Ungenannten" auf. Sein Streit mit Lessing zählt zu den Höhepunkten deutscher literarischer Polemik, führte zum Publikationsverbot für Lessing, der dann auf seiner „alten Kanzel", dem Theater, mit „Nathan der Weise" das große dramatische Toleranzgedicht der Aufklärung verfasste.

In Hamburg hatte es ein Vorspiel für diesen berühmten Streit gegeben zwischen Goeze und seinem liberalen Amtsbruder Alberti. Anfang 1772 veröffentlichte Alberti eine Abhandlung mit dem Titel „Anleitung zum Gespräch über die Religion in kurzen Sätzen, zur Unterweisung der Jugend". Also eine Art moderner Katechismus für die Jugend, der nach Goezens Ansicht die orthodoxe lutherische Lehre verwässerte, weswegen er von der Kanzel gewaltig dagegen zu Felde zog. Parteigänger beider Theologen fühlten sich bemüßigt, in den Streit einzugreifen. Er eskalierte noch einmal, als Goeze am 5. Sonntag nach Epiphanias eine scharfe Predigt dagegen halten wollte, dass Alberti in seiner Anleitung die Lehre vom Satan weggelassen hatte: „Über die Wichtigkeit und Notwendigkeit der Lehre vom Satan." Wie üblich ließ er vorab die Predigt bei Bode drucken. Da erschien der Ratsdiener und beschlagnahmte, um eine weitere Eskalation zu verhindern, die Druckexemplare. Nun griff Claudius in den Streit ein und erlaubte sich einen *kleinen Luftstreich*. Das heißt: Claudius verfasste eine humoristische Satire unter dem langen Titel *Eine Disputation zwischen Herrn W. und X. und einem Fremden über Hrn. Pastor Alberti ‚Anleitung zum Gespräch über die Religion' und über Hrn. Pastor Goeze, ‚Text am 5. Sonntage nach Epiphanias' unter dem Vorsitz des Hrn. Lars Hochedeln. Dem hochlöblichen Kollegio der Herren Sechziger zugeeignet. Mit einem saubern Kupfer.1772, im Hornung.* Es geht in dieser Satire um eine Art Verhandlung zwischen den Alberti- und Goeze-Kontrahenten W und X, die von dem Präsidenten Lars geleitet wird. Dieser ist ein halbgebildeter Laie, der in einem Gemisch aus Platt- und Hochdeutsch und mit falsch zitierten lateinischen Sprüchen ungeschickt die Diskussion leitet. In seiner Hilflosigkeit ruft er als Schlichter einen zuhörenden Fremden herbei, einen *Buten-Minsch*, hinter dem sich Claudius verbirgt. Dieser zeigt, dass man in Goezes verabsolutiertem Plädoyer für die Existenz des Satans die Ketzerei des Manichäismus, also die Ansicht, dass in der Welt ein böser Gott herrsche, entdecken kann. Dann tritt er für ein Ende der Debatte ein mit dem Argument: *Brechen Sie ab, meine Herren, die Art zu streiten schafft nichts Gutes. Die Wahrheit ist die Tochter des friedlichen Himmels. Sie flieht vorm Geräusch der Leidenschaften und des Zanks. (…) Es scheint, als wenn die Wahrheit ihnen beiden am Herzen läge, mir liegt sie auch am Herzen. Kommen Sie, wir wollen uns freundlich vereinigen, ob wir sie finden möchten.* Gegen die Einwände der Streitenden hält er ähnlich wie Lessing fest: *Aber der Geist der Religion wohnt nicht in den Schalen der Dogmatik, hat sein Wesen nicht in den Kindern des Unglaubens und nicht in übertünchten Gräbern des Glaubens, läßt sich wenig durch üppig glänzende Vernunftsprünge erzwingen noch durch steife Orthodoxie und Mönchswesen.* Stattdessen schlägt er eine religionspädagogische Vermittlung vor, die auf die Sprache der Bibel zurückgreift. *Für Kinder, deren Herz durch die Religion gebessert werden soll, ist freilich der simpelste und kräftigste Ausdruck der beste. Wenn ich bei der Quelle stehe, warum soll ich nicht aus der Quelle trinken, so bin ich doch sicher vor dem Unrat am Eimer.* Das war sicher nicht nach Albertis Sinn – eher schon nach dem Lessings, der später im Streit mit den Kritikern der „Fragmente eines Ungenannten" sagte, er wolle den einfachen Christen, der sich in seinem Glauben „so selig fühlt", nicht angreifen, ihn vielmehr vor der Kritik an den schriftlichen Überlieferungen schützen – denn die „innere Wahrheit" des Christentums, sein Geist sei wichtiger als der Buchstabe. Claudius, der um die schwere Erkrankung Albertis wusste, ließ am 28. März 1772 eine positive Besprechung von Albertis Schrift im *Wandsbecker Bothen* drucken. Alberti starb drei Tage später, *viel ruhiger als er oft krank gewesen war.* Als Goeze die freie Religionsausübung der Reformierten in Hamburg bekämpfte, trat der Bote in seiner Zeitung gegen den eifernden Pastor von St. Katharinen auf. Im Rückblick auf das Jahr 1773 verfasst Claudius den deutlich theologiekritischen Spruch: *Theologie war leider krank/ Durch Übersetzungen und Zank.* Claudius war weder ein Neologe noch ein Orthodoxer. Er stand zwischen beiden als ein kluger wie frommer Laie, der die Bibel vor allem dichterisch las, wie folgendes Zitat aus dem *Wandsbecker Bothen* von 1772 aufs Schönste zeigt: *Ich habe von Jugend auf gern in der Bibel gelesen, für mein Leben gern. Es stehn solche schöne Gleichnis und Rätsel darin, und das Herz wird einem danach recht frisch und muthig. Am liebsten aber les ich im Sankt Johannes. In ihm ist so etwas ganz wunderbares*

– Dämmerung und Nacht, und durch sie hin der schnelle zuckende Blitz – 'n sanftes Abendgewölke, und hinter dem Gewölk der große helle Mond leibhaftig – so etwas schwermüthiges und Himmeljauchzendes – so etwas Niedriges und hohes – heiliges und ahndungsvolles – daß man's nicht satt werden kann. Das ist ein schöner Gedanke, das Johannesevangelium lesen wie einen nächtlichen Mondhimmel, das eröffnet einen ganz anderen Zugang zu diesem doch auch manchmal theologisch schwierigen Evangelium.

Claudius wird Freimaurer – nur eine Episode?

Die kirchlichen Streitigkeiten führten Claudius zu einer Bewegung, die Toleranz auf ihre Fahnen geschrieben hatte, zu den Freimaurern. Über die Geheimgesellschaften der Freimaurer wird bis heute viel spekuliert, ihnen wurde und wird viel Einfluss sowie Verschwörerisches unterstellt. Reinhard Koselleck versuchte in seiner bahnbrechenden Studie „Kritik und Krise" (1959) zu zeigen, dass es sich bei den Freimaurern um frühdemokratische Gesellschaften handelte, die unter dem Schleier der Geheimhaltung neue Grundsätze der individuellen Freiheit und Gleichheit erprobten. So entzogen sie sich dem Herrschaftsanspruch des absolutistischen Staates. „Die Freiheit im Geheimen wird zum Geheimnis der Freiheit" (Koselleck). Aber dies ist doch eine zu ideale Sicht, denn häufig waren Mitglieder des hohen Adels in den Logen tätig. Auch ist die Skala der verschiedenen Grade, die man in den Logen erreichen konnte, eher ein Abbild der Adelsprädikate als ihre Kritik. Dies kennzeichnete vor allem die Logen der strengen Richtung. In Hamburg war 1737 die erste Freimauerloge in Deutschland, skeptisch beäugt vom Rat der Stadt, gegründet worden. Hier hatte auch die strenge Richtung mit Bode als Logenmeister die Leitung der Logen übernommen, sie war jedoch zeitweilig nicht besonders aktiv. Das führte zu der Gründung der Loge „Zu den drei Rosen" durch den preußischen Offizier Johann von Rosenberg. 1771 trat ihr Lessing bei, was der jungen Loge viel Prestige brachte. Claudius war auf die Freimaurer durch ihre tätige Hilfe für Notleidende in Schlesien besonders aufmerksam geworden. *Freymäurer? Logen? Meister vom Stuhl?*, lässt er den Boten 1772 rätseln. *Nein, klug daraus werde ich nicht und möchte doch so gerne klug daraus werden. Denn aus dem, was diese Leute von sich sagen und besser noch, aus dem, was sie tun, müssen es gute Leute seyn.* In die Loge „Zu den drei Rosen" wurde nun auch Claudius 1774 zusammen mit seinen Göttinger Freunden Voß und den Brüdern Stolberg aufgenommen. Auf Vermittlung seines Freundes, des Arztes Jakob Mummsen, wurde Claudius sofort zum Meister befördert. Wie vielen Schriftstellern und Künstlern seiner Zeit war auch ihm die legendäre Weisheitslehre des Hermes Tresmegistos mit ihrer Erkenntnis von dem einen Göttlichen, das alle Religionen durchwirkt, attraktiv erschienen. Das hatte er schon in einer begeisterten Rezension von Herders Schrift „Die älteste Urkunde des Menschengeschlechts", die die biblische Schöpfungsgeschichte mit anderen orientalischen Schöpfungsmythen verglich und ihren poetischen Gehalt hervorhob, bekannt. Keinesfalls aber ging er so weit, wie Lessing, Reinhard und Schiller die Theorie von den zwei Religionen zu vertreten, eine Religion für das Volk und eine für die Eingeweihten. Nein, als *eklektischer Mystiker* habe man immer wieder *die Parabeln und Hieroglyphen des Altertums zu käuen und wiederzukäuen*, besonders die eigenen, sprich biblischen. Auch wenn er die Zeremonien und Rituale der Freimaurer mit Interesse erlebt haben wird, sein Geselligkeits- und Ritualinteresse blieb alltäglich-öffentlich. Er erfand gerne neue Rituale, die er im Jahreskreislauf verankerte, Feste, die er Grünzüngel, Knospenfest, Herbstling und Eiszäpfel nannte. (Das sollte 50 Jahre später Johann Hinrich Wichern in der Familienerziehung sogenannter verwahrloster Jugendlicher im Rauhen Haus ebenfalls praktizieren und einen Apfelfest erfinden.)

Offensichtlich in Angelegenheiten der Loge unternahm Claudius 1775 zusammen mit Jakob Mummsen eine geheimnisumwitterte Reise nach Berlin, wo er dem preußischen Militärchirurgen Zinnendorf vorgestellt wurde, dem Gründer einer mehr theosophisch-christlich beeinflussten Logenrichtung, der sich die Hamburger Loge angeschlossen hatte. Offensichtlich spielten Claudius, der auf dem Wege war, nach Darmstadt zu gehen, und die Gebrüder Stolberg, von denen einer nach Kopenhagen ging, eine Rolle in dem Plan Zinnendorfs, die strategische Verbreitung der Loge zu befördern, Pläne, aus denen aber nichts wurde. Bleibt noch zu erwähnen, dass einer der Mitgründer der Hamburger Loge nach Wien umzog, wo er die „Loge zu den gekrönten Häuptern" gründete, deren Mitglied Wolfgang Amadeus Mozart wurde. Die Freimaurerei blieb für Claudius eher eine Episode. Mag sein, dass dabei auch sein zunehmender Weltbeglückungsstrategien abholder politischer Konservatismus eine Rolle spielte.

Vom Redakteur des *Wandsbecker Bothen* zum Herausgeber seiner *Sämtlichen Werke*

Durch seine Tätigkeit als Redakteur des *Wandsbecker Bothen* gewann Claudius neue Bekannte. Dazu gehörten die Mitglieder des Dichterbunds Göttinger Hain, in den inzwischen auch der berühmte Klopstock eingetreten war. In dem von Voß herausgegebenen „Göttinger Musenalmanach" veröffentlichte Claudius Gedichte. Die beiden Göttinger Freunde Voß und Hölty trafen Vorbereitungen, zu Claudius nach Wandsbek zu ziehen. Claudius hatte daran großes Interesse und machte Druck. Er hatte für die beiden schon ein Haus gemietet, es für die Freunde gezeichnet und mit Hilfe von Rebecca genau berechnet, was die beiden ausgeben müssten, von den ersten Auslagen für Betten, Nachttöpfe etc. bis zu den Lebenshaltungskosten für ein Jahr. Schließlich zog Voß im April 1775 ohne Hölty, der sich einen Lebensunterhalt dort nicht vorstellen konnte, nach Wandsbek. In Briefen an seine Braut berichtet Voß von dem idyllischen naturnahen Leben in Wandsbek. Nach wie vor gingen schwärmerisch-witzige Briefe zwischen Herder, seiner Frau und dem Boten hin und her; Literarisches stand neben Familiärem. Mit Hamann trat Claudius in einen gehaltvollen Briefwechsel.

Claudius ist inzwischen intensiv mit der Herausgabe seiner *Sämtlichen Werke* befasst. Der Gedanke daran beschäftigt ihn schon seit Jahren. Er schreibt an Herder bereits 1772, er wolle die *Kleinigkeiten*, die er geschrieben habe, drucken lassen. *Wenn Sie allenfalls einen Buchhändler wüßten, der so dumm sein sollte, mir dafür etwas zu geben, so sollte er's gerne haben. Es können 10 Bogen werden.* Schon hier merkt Claudius an, *mit dem Wandsbecker Bothen will's nicht recht fort und ich glaube, daß er nicht mehr lange aushält.* Der Plan schwelt weiter und am 24. Oktober 1774 schreibt er an Voß: *Da es mit dem Bothen nicht mehr weit vom Amen zu sein scheint, so werde ich wohl zu Ostern, pour corriger la fortune, meine oevres edieren.* Im *Wandsbecker Bothen* vom 9. November erscheint eine Subskriptionsanzeige der *Sämtlichen Werke*, das war damals so üblich. Sie ist hübsch kommentiert mit der für Claudius typischen ironischen Selbstherabsetzung: Er wolle auch seine Werke sammeln und herausgeben, es habe ihn zwar keiner darum gebeten, aber es sei ja des Menschen freier Wille, ob er subskribieren wolle oder nicht. Claudius konnte eine Reihe von Freunden dafür gewinnen, Exemplare des Büchleins zu kaufen und zu vertreiben.

Zur Ostermesse 1775 erscheint das Buch dann unter dem etwas umständlichen Titel *ASMUS omnia suam SECUM portans oder Sämmtliche Werke des Wandsbecker Bothen I. und II. Teil.* Der lateinische Titel verweist auf den antiken Weisen Bias von Priene, der auf der Flucht aus seinem Vaterland nichts mitnahm mit der Begründung: „Omnia mea mecum porto", zu Deutsch: Alle meine Habe trage ich mit mir (sprich: in meinem Innern). Der Titel enthält also ein Programm der Selbstgenügsamkeit. Asmus (vielleicht von Erasmus stammend) hatte sich der Bote ja selbst genannt und als solcher war er seinen Lesern und Subskribenten bekannt.

Mit der Angabe erster und zweiter Teil konnte er einerseits den geringen Umfang ironisch kommentieren, andererseits sich das Recht vorbehalten, weitere Teile seines Gesamtwerks zu veröffentlichen. Das kleine Bändchen war geschmückt mit drei Kupferstichen und einer Scherzzeichnung.

Gewidmet hat es der Verfasser merkwürdigerweise *Freund Hain*, sprich dem Tod mit der Hippe. *Das erste Kupfer ist Freund Hain. Ihm dediziere ich mein Buch, und er soll als Schutzheiliger und Hausgott vorn an der Haustüre des Buchs stehen.* Im naiven Ton sagt er dem Tod: *Ich hab 'n Büchel geschrieben und bring's Ihnen her. Sind Gedichte und Prosa.* Er nehme zwar nicht an, dass der keinen Spaß verstehende Tod ein *Liebhaber von Gedichten* sei. Aber er hoffe doch, dass einiges im *Büchel* ihm *nicht ganz mißfallen* wird, *das meiste ist Einfassung und kleines Spielewerk: machen Sie 'mit was Sie wollen.* In seiner weiteren Erklärung dieser seltsamen Dedikation setzt sich Claudius mit Lessings Beschreibung des Todes als Jüngling mit der gesenkten Fackel auseinander. *Ist 'n schönes Bild und erinnert einen so tröstlich an Hain seine Familie und namentlich an seinen Bruder*, den Schlaf. Er fährt dann aber fort: *Ich bin doch lieber beim Knochenmann geblieben. So steht er in unsrer Kirch, und so hab ich 'n mir immer von klein auf vorgestellt. (...) Er ist auch so, dünkt mich, recht schön, und wenn man ihn lange ansieht, wird er zuletzt ganz freundlich aussehen.* Gegen Lessings Einrede in „Wie die Alten den Tod gebildet", die bildende Kunst solle das scheußliche Gerippe, das den Tod als Strafe darstelle, aufgeben, hält Claudius also am Sensenmann fest. Man kann vermuten, dass dahinter die lutherische Sterbelehre steht, nach der im Anblick des den Tod erleidenden Christus unser Sterben erträglich gemacht wird: Luther beschreibt im „Sermon vom Sterben" zum einen sehr drastisch den Todeskampf und das Verwesen, zum andern aber sagt er, dass Christus durch sein Leiden und Sterben den Tod geheiligt und zu einem Freund des Menschen gemacht hat. Christus hat „den Tod selbst berührt, geweiht und geheiligt, den Fluch in Segen (…) gewandelt, also daß der Tod die Pforte zum Leben (…) hat werden müssen. Da siehst du, wie sehr es den Herrn drängt, Leiden und Tod zu heiligen und liebenswert zu machen. Er hat ja gesehen, wie die Leiden uns schrecken (…). Darum eilt er mit aller Kraft wie ein guter Hirte und treuer Arzt unserem Leiden Einhalt zu tun, indem er es durch seinen Tod weiht und uns mit ihm befreundet." Das ist keine Todesverdrängung. Das Schrecken erregende Bild bleibt erhalten, aber nicht im Menschen, der es nun im gekreuzigten Christus außerhalb seiner selbst betrachten kann. „Diese Umwertung ist nur als Akt des Glaubens zu vollziehen, der im vordergründig Trostlosesten das Tröstlichste erkennt und darum auch den Knochenmann nicht entsorgen muß" (A. Steiger). Claudius hat diesen Glauben nicht als sicheren Besitz gehabt, sondern ihn immer wieder in seiner Auseinandersetzung mit Sterben und Tod umkreist und um ihn gerungen.

So merkwürdig quer zum aufklärerischen Zeitgeist die Widmung steht, so originell und neu ist die ganze Anlage des Büchleins. Auf den ersten Blick erscheint alles bunt durcheinander gewürfelt, bei wiederholter Lektüre merkt der Leser, wie überlegt und beziehungsreich das Buch komponiert ist. Nicht alles ist heute noch bei der ersten Lektüre verständlich, das betrifft vor allem die Rezensionen, Prosa-Skizzen und gelehrten Beiträge. Hier führt Claudius ästhetisch anspruchsvolle Diskurse, die die Kenntnis der Originalwerke voraussetzen. Vieles, von dem, was er bespricht, ist heute vergessen. Nicht so Goethes Briefroman „Leiden

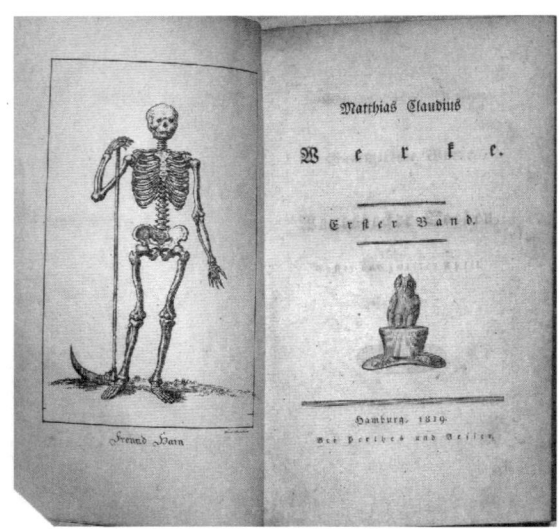

des jungen Werthers". Claudius lobte das Buch, wie bereits erwähnt, in der Zeitungsausgabe. Jetzt setzt er den kleinen Vierzeiler *Fritze* hinter die Rezension, der wie ein Spott auf Goethe aussieht: *Nun mag ich nicht länger leben,/ Verhaßt ist mir des Tages Licht,/ Denn sie hat Franze Kuchen gegeben/ Mir aber nicht.* Dieses Epigramm kommentiert knapp und treffend die Erfahrung, dass das Leben eben ungerecht sein kann.

Andere Rezensionen wie die von Herders „Älteste Urkunde des Menschengeschlechts" könnten wegen der schönen Zitate und des begeisterten Lobes dazu verführen, das heute vergessene Herdersche Original endlich zu lesen. Die Schöpfungsgeschichte des Moses, schreibt Claudius, schwebt wegen ihres poetischen Gehalts *auf Flügeln der Morgenröte über alle Einwendungen hoch daher und triumphiert. Denn Gott knüpfte seine Offenbarung an die Morgenröte, das schönste und freundlichste Bild unter dem Himmel, das allen Völkern der Erde aufgeht, und sie jeden Morgen an die Offenbarung, und an ihren Schöpfer – gnädig, barmherzig und von großer Güte – mit Kraft und Hingabe erinnern könnte oder vielmehr* (und jetzt wird es erhaben schön), *Gott webte diese seine Offen-*

barung in die Buchstaben der Morgenröte, ins rötlich drama-tische Gewand der Tagwerdung, daß sie zugleich in und mit der Schöne des Gewandes dem Menschen sinnlich würde und ihm tief ins Auge und Herz fallen sollte. Wer so mit Herder und Claudius poetisch-hymnisch den Schöpfungsbe-richt liest, dem fallen alle naturwissenschaftlichen Ein-wendungen und Zweifel weg, der wird wie in Paul Ger-hardts Morgenliedern fast wie von selbst zum Schöp-fungslob animiert. Oder ein anderes Beispiel: In der *CHRIA* (sprich logischen Beweisführung) *darin ich von meinem akademischen Leben und Wandel Nachricht gebe,* macht sich Claudius über gewisse Platitüden des Wolff-schen Rationalismus lustig, der sagt, dass der Student ein Student und kein Rhinozeros sei und dass nur der Philosoph sagen könne, wer Gott sei. Er setzt dagegen, dass ihm bei einem Waldspaziergang wohl einfiele, wer die Bäume wachsen mache und das ihm dabei *so von ferne und leise von etwas Unbekanntem (ahndet). Und ich wollte wetten, daß ich dann an Gott denke, so ehrerbietig und freudig schaudert mich dann dabei.* Claudius bekennt sich zu einer intuitiven Gotteserfahrung im Gefühl. Ähnlich in dem Text *Im Junius,* in dem er die *Lenzgestalt der Natur* preist – sie ist *doch wunderschön! Und der Wald hat Blätter und der Vogel singt und die Saat schießt Ähren, und dort hängt die Wolke mit dem Bogen vom Himmel, und der fruchtbare Regen rauscht herab* – und dann zitiert Claudi-us den Anfang von Paul Gerhardts Morgenchoral: *Wach auf mein Herz und singe dem Schöpfer aller Dinge etc. 's ist, als ob Er vorüberwandle, und die Natur habe Sein Kommen von Ferne gefühlt und stehe bescheiden am Wege in ihrem Feierkleid, und frohlocke!* Diese schöpfungstheologische Betrachtung der Welt, die Claudius von Johann Hinrich Brockes „Irdisches Vergnügen in Gott" kannte, wird er-weitert zur empfindsamen Naturbetrachtung. Vor einem diffusen Pantheismus aber ist sie gefeit durch das Bekenntnis zu dem Schöpfergott, der sich in Chris-tus offenbart. Das zeigt die Notiz *Am Karfreitagmorgen.* Der Dichter war nachts unterwegs gewesen, der Mond schien schön und hell, wenn auch etwas kalt. Und da musste er daran denken, was vor 1800 Jahren geschehen war: *Heut nacht vor eintausendachthundert Jahren schienst du gewiß nicht so, dacht ich bei mir selbst; denn es war doch wohl nicht möglich, daß Menschen im Angesicht eines so freundlichen sanften Monds einem gerechten unschuldigen Mann Leid tun konnten.* Das sind Reflektionen eines empfindsamen Christen, der zugleich ein aufmerksamer Zeitgenosse und Naturbeobachter ist.

Hübsch und geschickt verstreut über diesen Band der *Sämtlichen Werke* sind die Familien-Gedichte, einige, die schon erwähnt wurden, wie das *Wiegenlied bei Mondschein zu singen*, andere wie das humorvolle *Die Mutter bei der Wiege* mit dem kontroversen Diskurs über die Frage, ob der Säugling die Nase des Vaters habe. Das Gedicht endet mit dem Ausruf: *Hab immer seine Nase nicht und habe nur sein Herz!*

Neu und ernsthaft im Ton ist das allegorische Gedicht *Der Tod und das Mädchen*. Es ist eins von Claudius' größten Gedichten und hat sein Vorbild ohne Zweifel in der Szene des Totentanzes, in der der Knochenmann eine schöne junge Frau mitten aus dem Leben reißt:

Das Mädchen:
Vorüber! Ach vorüber!
Geh, wilder Knochenmann!
Ich bin noch jung, geh Lieber!
Und rühre mich nicht an.

Der Tod:
Gib deine Hand, du schön und zart Gebild!
Bin Freund und komme nicht zu strafen.
Sei gutes Muts! Ich bin nicht wild,
Sollst sanft in meinen Armen schlafen!

Wortreich haben auch die Barockdichter die Vergänglichkeit weiblicher Schönheit besungen. Claudius aber gelingt es mit wenigen Worten, die Dramatik der Begegnung in lyrisch unterschiedlichen Formen auszusagen. Die schreckliche Verzweiflung eines mit dem Tode konfrontierten Mädchens macht sich Luft in dem Aufschrei: *Vorüber, ach vorüber, geh wilder Knochenmann!* Der Tod begegnet ihr mit offenbarer Gewalt, und doch redet sie ihn mit *Lieber* an, um ihn noch umzustimmen. Fast wie ein Mädchen, das den Vergewaltiger anfleht, sie zu verschonen, weil sie doch noch so jung und unberührt sei. Hilflos und rührend ist dies Flehen, scheint ganz vergeblich, und doch verändert es die Erscheinung des Todes. Im ruhigen fließenden Jambenton antwortet er fast wie ein Werbender dem Mädchen: *Gib deine Hand, du schön und zart Gebild.* Nimmt die Ängste, redet begütigend und zärtlich: *Sollst sanft in meinen Armen schlafen.* Das Lied vom Tode verwandelt sich unmerklich in ein Lied der Liebe. Thanatos und Eros, sonst Widersacher, scheinen sich zu vereinigen. Die Antwort des Todes strahlt eine merkwürdige Ruhe und Geborgenheit aus. Sicher: Claudius legt dem Tod in den Mund, was er vom Tod denken möchte. Die Form der Allegorie erlaubt es ihm, den Tod objektiv sagen zu lassen, was seine persönliche Hoffnung ist: Sterben ist ein sanftes Entschlafen, ist Hineinsterben in die Liebe einer gütigen Macht. Die Liebe also nicht als Eros, sondern als Agape, als mütterliche Liebesmacht, scheint in den Worten des Todes auf. Die Angst des Mädchens, wie sie auf den harten und aggressiven Totentanzbildern sichtbar ist, wird besänftigt durch einen Tod, der sich als Bote des Ausruhens zu erkennen gibt. Franz Schubert hat das in seiner Vertonung des Gedichts musikalisch durch die Veränderung von der kleinen zur großen Terz zum Ausdruck gebracht.

Dass Claudius nicht nur in einer Gelehrtenrepublik und im Wandsbeker Idyll (*Wandsbeck eine Art Romanze*) lebte, davon legt das Gedicht *Der Schwarze in der Zuckerplantage* Zeugnis ab. Hier nimmt er als erster deutscher

Lyriker einen Perspektivewechsel vor und versetzt sich in die Lage eines schwarzen Sklaven:

Weit von meinem Vaterlande
Muß ich hier verschmachten und vergehn,
Ohne Trost, in Müh und Schande
Ohhh, die weißen Männer! klug und schön!

Sicher wusste Claudius um das atlantische Dreiecksgeschäft inklusive Sklavenhandel des ökonomisch klugen Grafen Schimmelmann. Direkt konnte er das nicht attackieren, aber den Schwarzen eine Stimme leihen, das konnte und wollte er als menschenfreundlicher Christ und Wandsbeker Bote. So geht die Klage weiter:

Und ich habe den Männern ohn Erbarmen
Nichts getan.
Du im Himmel! hilf mir armen
Schwarzen Mann.

Das ist eine deutliche Parteinahme. Den *Männern ohn Erbarmen* wird in gut alttestamentlich prophetischer Tradition der helfende Gott gegenübergestellt. Ob Graf Schimmelmann das Gedicht gelesen hat? Ob das gebildete Publikum, das es las es, so wie Claudius dachte? Unter den Verfassern der fast gleichzeitig formulierten amerikanischen Unabhängigkeitserklärung, die verkündete, dass alle Menschen frei geboren und mit unveräußerlichen Rechten ausgestattet seien, gab es Sklavenbesitzer aus den Südstaaten, die diese Gleichheit nicht praktizierten. Dänemark war dann übrigens das erste europäische Land, das 1792 den Sklavenhandel verbot.

Der kritische Ton dieses Gedichts ist kein Ausnahmefall, wenn man die lakonischen Dialoge hinzuzieht, die Claudius die Freunde Hinz und Kunz (also jedermann) führen lässt:

K.: Hinz, wäre Recht wohl in der Welt?
H.: Recht nun wohl eben nicht, Kunz, aber Geld.
K.: Sind doch so viele die des Rechtes pflegen!
H.: Eben deswegen!

Hübsch sind auch die eingestreuten Parabeln, etwa die das Rezensionswesen karikierende von der ständig gackernden Henne, die dem genervten Truthahn sagt: *Erst leg ich meine Eier, dann rezensier ich sie.* Kurz: Claudius hat mit dieser Werkausgabe seiner Texte eine unverwechselbare neue literarische Gattung geschaffen. Dieses Buch ist wirklich „das Aushängeschild seines Herzens" (Fechner). Es wurde von der Kritik wohlwollend bis enthusiastisch aufgenommen: „Eine Frucht wie Ananas, die man auf Königstafeln zum Nachtisch reichen könnte", so der süddeutsche Freiheitsdichter Christian Friedrich Daniel Schubart. Der wirtschaftliche Erfolg wurde leider durch die damals üblichen unerlaubten Nachdrucke geschmälert, Claudius musste seinen Preis halbieren, um weiter konkurrieren zu können.

Landkommissarius in gräflichen Diensten –
ein Zwischenspiel in Darmstadt

Im Juni 1775 wird dem Redakteur des *Wandsbecker Bothen* von Bodes geschäftstüchtiger Frau fristlos gekündigt, da der Verleger selbst auf Reisen ist. Über die Gründe waren unterschiedliche Vermutungen im Umlauf – ein Zerwürfnis zwischen Bode und Claudius, Nachlässigkeit des Redakteurs, Differenzen wegen der Freimaurerei (Bode war Mitglied einer anderen Loge), nichts Genaues weiß man. Jedenfalls war er die Stelle mitsamt Einkünften los. Wie bekannt Claudius/Asmus inzwischen war, davon zeugen die Missverständnisse, die sich aus der Nachricht vom Tod des Asmus (die Claudius im Musenalmanach bekanntgab) bei den

Lesern ergaben, die keine Unterschiede zwischen dem Boten und seinem Verfasser zu machen wussten.

Da die Veröffentlichung der *Sämtlichen Werke* auch nicht viel einbrachte, musste eine andere Einkommensquelle für Claudius, dem inzwischen die zweite Tochter Christiane geboren war, gesucht werden. Eine Zeitlang hielt er sich mit Übersetzungen über Wasser. Er selber wollte am liebsten in Wandsbek und Umgebung bleiben (auch wegen der alten Mutter) und betrieb eher lässig einige Anfragen, ob man nicht eine Stelle für ihn habe; *Postmeister oder so was kleines auf dem Lande.* Ernsthafter ging der besonders gut vernetzte Herder bei der Stellensuche für seinen sorglosen Freund vor. So schrieb er an den Justizrat Georg in Eutin, einen Vertrauten des Herzogs Friedrich August von Oldenburg: „In Wandsbeck bei Hamburg lebt ein Gelehrter Namens Claudius, der durch seine Talente, auch durch die Sammlung des Wandsbecker Bothen rühmlich bekannt ist, dabei ein weites, edles außerordentlich lauteres und zartes Menschenherz hat, das seine Geschicklichkeiten und Talente bei weitem übertrifft. Und der Mann mit Weib und Kindern ist jetzt ohne Brot und wünscht sich eine mässige, ruhige, tätige, aber ja keine gelehrte Stelle." Eine treffliche Charakterisierung des Freundes. Nicht in Oldenburg, sondern in Darmstadt wurde Herder fündig. Durch Vermittlung seines Schwagers, des Geheimrats Hesse, fragt Herder bei dem Premierminister von Hessen-Darmstadt Friedrich Carl von Moser an, ob er keine Verwendung für Claudius habe. Und tatsächlich wird diesem im November 1775 in der gerade geschaffenen Reformkommission zur Sanierung der Landgrafschaft die Stelle eines „Oberlandcomissarius" zu einem Jahresgehalt von 800 Gulden angeboten. Das lag weit über Claudius' bisherigen Einkünften. Der aus dem Schwäbischen stammende Friedrich Carl von Moser, Sohn eines Staatsrechtlehrers, genoss im Reich als Diplomat und Publizist einen hervorragenden Ruf. Herrnhutisch erzogen und in erweckten Kreisen verkehrend, hatte er

1760 in „Der Herr und der Diener geschildert in patriotischer Freiheit" die Ausbeutung durch die kleinen Fürsten und ihre Beamten kritisiert und war als Reichshofrat in Wien kaltgestellt worden. Claudius war ihm als originaler Schriftsteller bekannt und wurde von ihm auch wegen seiner christlichen Haltung geschätzt. Die Einstellung verlief allerdings nicht ohne Komplikationen und das lag an Claudius. Der hatte sich in seinem Vorstellungsschreiben in den Augen Herders so ungeschickt geäußert, dass Herder den Brief nicht absandte und ein neues Schreiben verlangte. Claudius reagierte ungehalten: *Habt ihr nicht selbst gesagt, ich solle in meiner Manier schreiben? Ich mag auch von keiner Distinktion zwischen Schriftstellern und Menschen Proben ablegen, und meine Schriftstellerei ist Realität bei mir oder sollt es wenigsten sein, sonst hols der Teufel. Gleich gut alles, ich habe den mißlungenen Brief zerrissen und mit Füßen getreten und einen anderen geschrieben.* Nebenbei: Mit dieser Abwehr der Unterscheidung zwischen Autor und Mensch greift Claudius eine ästhetische Debatte seiner Zeit auf – so beharrten die das Leben und die Liebe feiernden Anakreontiker auf ihr, um moralischen Vorwürfen zu entgehen. Bis heute ist diese Debatte in Deutschland beliebt, wo man gern auf der Suche nach Biografischem in den Texten eines Autors ist und in Lesungen den Autor als Person erleben möchte.

In dem zweiten Brief an Moser, Claudius nennt ihn einen *Salbaderwisch*, versucht er seine Haltung zu der vorgesehenen Tätigkeit zu beschreiben: *Wenn ich von meiner Neigung sprechen dürfte, so ist die für ein einsames Leben für ein nützliches Wirken im Stillen, für Feld und Wald und Bauernvolk von jeher gestimmt gewesen; das darf ich auch noch sagen, daß ich es an gutem Willen, herzlicher Tätigkeit und Treu nicht fehlen lassen werde; ob ich aber Geschick genug habe, ein Rad in der Maschine zu sein, dadurch ein Fürst seine Vatermilde über sein gutes Landvolk ausbreiten will, das weiß ich nicht, weil ich noch keine Erfahrung davon gemacht habe.* Dieser Brief kommt gut an.

Claudius kann die Stelle antreten. Für die Reise nach Darmstadt kauft sich Claudius eine Kutsche, die Betten und anderes Mobiliar werden verkauft, das ist günstiger als der Transport der Möbel. Bücher und Wäsche nimmt er mit. Nachdem man bewegt Abschied genommen hat von Verwandten und Freunden, geht es Ende März los, über Hamburg, Lüneburg, Celle, Hannover (dort trifft er Hölty) nach Bückeburg, wo die Wandsbeker mit Freuden von Herder und seiner Frau empfangen werden, eine Woche bleiben und ihre Freundschaft so recht feiern. Dann treibt ihn der Freund zur Weiterreise. Über Marburg und Gießen kommt Claudius am 16. März endlich nach fast drei Wochen in der hessischen Residenzstadt an. An Voß schreibt er einen Tag nach dem Eintreffen: *Himmel und Erde sind hier schön. Von meinem Fenster sehe ich den Moelibocus, einen großen Tannwald im Vordergrund und weites Feld und am Ende rundum eine Kette von Bergen in einer Entfernung von 10–20 Stunden.* Der Melibocus ist laut Westermann-Atlas ein 517 Meter hoher Berg; die Berge, auf die Claudius sieht, sind wohl die des Odenwalds. Im Lauf des Sommers bezieht die Familie ein eigenes Haus, in der Nähe des Exerzierplatzes gelegen. *Wir wohnen in dem ersten Haus am Tor und sehen alles ein- und ausgehen und hören alle 4–5 Stunden die Trommel, die hier gar meisterlich geschlagen, so wie auch meisterlich gepfiffen wird.* (Zur Erklärung: Der Landgraf hatte ein Leibregiment, das er viel exerzieren ließ und für das er selber fleißig Militärmärsche komponierte.) Claudius beschreibt dem Freund das Haus mit Fremdenzimmer: gute Stube, Zimmer mit Nachttopf, Dienstbotenzimmer, Küche, *darin viel gebraten werden kann und wenig gebraten wird*, Keller, Holzstall, Waschhaus, aber, so die Klage, *keinen Garten, und so hol der Henker den großen Saal* und alles Übrige.

In Darmstadt ist Johann Heinrich Merck, seines Zeichens Kriegsrat, ein verwandter Geist. Er ist ein Freund Goethes, dessen „Götz von Berlichingen" er verlegt hat.

Er schätzt Claudius, hilft ihm auch bei der Haussuche und Einrichtung. Merck ist sehr angetan von Claudius' unkonventioneller Art. Ihm gefällt, dass er ohne Stock, Degen und gepudertes Haar zum Präsidenten geht.

Aufgabe der von Moser eingerichteten Ober-Landes-Kommission ist eine umfassende ökonomisch-statistische Bestandsaufnahme des Landes, um die etwaigen Reformvorhaben gewichten zu können. Doch die Arbeit in dieser Landkommission schmeckt dem Boten nicht. Obwohl er ja in Jena auch Kameralistik studiert hatte – Tabellen anzufertigen, Befragungen durchzuführen, das ist auf Dauer nicht seine Sache. Zudem kommt es mit seinem Vorgesetzten, dem Landrat Carl Valentin Eymes, schnell zu Verstimmungen, weil dieser ihn von oben herab behandelt und bei allen wichtigen Entscheidungen ausschließt. Er schwärzt Claudius beim Präsidenten von Moser wegen Untätigkeit an.

Immerhin kann sich Claudius als Redakteur der *Hessen-Darmstädtischen privilegierten Land-Zeitung*, die gewissermaßen die Reform in der Öffentlichkeit vertreten soll, auf vertrautem Terrain bewegen. Das Blatt erscheint im Verlag der Invaliden- und Soldaten-Anstalt und wird von Invaliden ausgetragen. Hauptzielgruppe ist die ländliche Bevölkerung, die über eine verbesserte Agrarwirtschaft aufgeklärt werden soll, etwa über die Dreifelderwirtschaft. Für die volkstümliche Adressatennähe sorgt Claudius, indem er einen alten, lahmen Invaliden Görgel erfindet, der sich den Bauern als einer der ihren mit einem gereimten Neujahrswunsch vorstellt. Und er verschweigt ihre elende Lage nicht: *Gehn viele da gebückt, und welken/ In Elend und in Müh/ Und andre zerren daran und melken;/ Wie an dem lieben Vieh/ Und ist doch nicht zu defendieren,/ Und gar ein böser Brauch;/ Die Bauern gehen ja nicht auf vieren/ Und sind doch Menschen auch.* Unter dem Deckmantel des Invaliden kann Claudius auch einige kritische Einlassungen vorbringen. Etwa wenn Görgel im Januar seinem Herrn von den armen Leuten berichtet, die unter dem harten

Winter leiden, weil sie kein Holz für einen warmen Ofen haben. Das geschieht in dem menschlich anrührenden Claudius-Ton: *Mein Herr hat gottlob einen warmen Rock und eine warme Stube, da merkt er's nicht so, aber wenn man nichts in und um den Leib hat und denn kein Holz im Ofen ist, da frierst gewaltig.* Der Appell an die Güte des Adels wird so liebevoll formuliert, dass man Aufruhr dahinter wahrlich nicht wittern kann. *Nun Gott befohlen lieber Herr, und wenn er 'n Stück Holz übrig hat, geb Er's hin, und denk er, daß die armen Leute keine weiße Bären noch Walfische sind.*

In Darmstadt nimmt Claudius über Briefe an Voß und Herder an dem Geschehen in der literarischen Welt weiter Anteil. Höltys früher Tod am 1. September 1776 geht ihm nahe, obwohl er darauf eingestellt war. Claudius dichterische Produktion ist in der Darmstädter Zeit eher mager. An Voß sendet er das *Schweizer-Lied* und das *Morgenlied eines Bauernmanns*, das er später mit den gelehrten griechischen Anmerkungen seines Vetters in die *Sämtlichen Werke 3. Teil* aufnimmt: *Da kömmt die liebe Sonne wieder,/ Da kömmt sie wieder her!/ Sie schlummert nicht und wird nicht müder/ Und läuft doch immer sehr.* Es ist wieder ein Stück Schöpfungslob, das die segensreichen Wirkungen der Sonne für die Bauern und ihre Wirtschaft beschreibt.

Der naive, schlichte Ton hat aber auch etwas Demütig-Untertäniges, zumal wenn zum Schluss der König und seine Frau in den Sonnensegen einbezogen werden. Aber sagte nicht schon Jesus, dass Gott seine Sonne über Böse und Gute aufgehen lässt?!

Immerhin findet Claudius in Darmstadt ein paar Künstlerfreunde, den Maler Müller, mit dem er in Mannheim in die Oper geht; der gemeinsame Ausflug nach Heidelberg, Rebecca wollte das „große Faß" sehen, kommt leider nicht zustande, weil die kleine Christiane an den Zähnen krank wird. Einmal berichtet Claudius dem Freund Gleim von einem Ausflug an *die berühmte*

Bergstraße. Ich habe auf den köstlichen Moelibocus eine Wall-
fahrt getan. (…) Man übersieht oben vom Moelibocus das
ganze Rheintal von Speier bis Mainz hinaus und ich habe
noch keine schönere Aussicht gesehen. Lessing besucht
Claudius auf seiner Reise nach Mannheim, auf der
Rückreise feiert er mit Claudius seinen 48. Geburtstag
bei einem mageren Putenbraten. Mit Merck wird Claudius dann doch nicht so richtig warm. Er sei ein *sehr*
schlauer Mann, der in der gelehrten und zivilen Welt gute
Kenntnisse und connexions hat. (…) aber mit ganzem Herzen
kann ich ihn nicht lieben. Er ist von der göthischen Sekte.
Merck seinerseits wendet ein: Claudius „beträgt sich
ganz wie ein Mensch aus einer andern Welt, u. das
zwar mit jedermann. Der Teufel hole die ganze Poesie,
die den Menschen von andern abzieht. Wir sind doch
nur insofern etwas, als wir was für andere sind." Da hat
Merck etwas Wichtiges erfasst, wobei der Vorwurf Claudius nur zum Teil trifft. Dieser war ja ein geselliger
Mensch, der die Freunde wie die Familie mit großer
Aufmerksamkeit wahrnahm, aber eben doch in spiele-
risch-poetischer Weise. Auch hier im Zwischenmensch-
lichen ist ihm also *Einfassung und Spielewerk,* wie er einmal seine Texte im *Wandsbecker Bothen* charakterisiert,
wichtig.

Die Zeit in Darmstadt geht dann schneller zu Ende
als erwartet. Am 26. Februar 1777 erhält Claudius
einen Brief Mosers, in dem dieser ihm Unlust bei der
Arbeit und Verleumdung der Vorgesetzten hinter
ihrem Rücken vorwirft. Er stellt ihn vor die Alternati-
ve, entweder sofort zu kündigen oder zu schlechteren
Bedingungen noch das Jahr über weiterzuarbeiten.
Claudius wählt die Kündigung und verteidigt sich
beherzt gegen den Vorwurf der üblen Nachrede. *Ich bin*
hergekommen, nicht ehrlich und schön zu schreiben, sondern
ehrlich und schön zu handeln. Und das, so die Folgerung,
habe er unter diesem Vorgesetzten in der Landkommission nicht gekonnt. Zwei Jahre später sollte Moser,
der die Machtstrukturen von oben ändern wollte,

selber gestürzt werden – sein Vermögen wurde kassiert und er wurde des Landes verwiesen.

Das Darmstädter Zwischenspiel endet für Claudius dann mit einer schlimmen gesundheitlichen Krise. Er hatte schon immer über die Luft geklagt, die ihm und seiner Familie zu schaffen mache. Nun bekam er, vielleicht als Reaktion auf die Dramatik der Kündigung, eine Brustfellentzündung und lag auf den Tod danieder. Sein Gedicht *Nach der Krankheit* (1777) hält die Begegnung mit dem Tod fest: Freund Hain tritt ein, wie in der Dedikation des *Wandsbecker Bothen* beschrieben, und sagt seiner Frau, sie solle sich nicht grämen, er bringe ihren Mann *sanft zur Ruh*. Dann tritt er lächelnd ans Bett des Kranken, um ihn in den Arm zu nehmen. Dieser begrüßt den Tod als Freund, fragt ihn aber, ob er nicht dieses Mal noch vorübergehen könne. Und was antwortet der Tod?

> *Bist bange Asmus? – darf vorübergehen*
> *Auf dein Gebet und Wort.*
> *Leb also wohl, und bis auf Wiedersehen*
> *Und damit ging er fort.*
>
> *Und ich genas! Wie sollt ich Gott nicht loben!*
> *Die Erde ist doch schön,*
> *Ist herrlich doch wie seine Himmel oben,*
> *Und lustig drauf zu gehn!*

Der von der schweren Krankheit Genesene kann in der Form des Gedichts, fast einer Todes-Ballade, seinen Dank abstatten und sich der Welt erfreuen, ohne den allezeit gegenwärtigen Tod zu verdrängen. Also eine poetische Krisenbewältigung par excellence.

„Befiehl du deine Wege": Zurück in Wandsbek

Dem Freund Hamann in Königsberg berichtet Claudius in einem tagebuchartigen, langen Brief, wie die Rückreise von Darmstadt nach Wandsbek verlaufen war, mit der hochschwangeren Rebecca, den beiden kleinen Mädchen und der Dienstmagd. 14 Tage dauert die Reise dieses Mal und führt über Gießen, Marburg und Kassel – um den berühmten Bergpark mit den mächtigen Cascaden und dem ungeheuren Herkules oben auf der Spitze des Berges in Augenschein zu nehmen. *Lieb Weibel konnte nicht so viel hundert Treppen den Berg hinaufsteigen.* Dann weiter über Hannöversch-Minden, Göttingen und Einbeck – *Eiermilch und Schmorling bei einer vorzüglichen Wirtsfrau gegessen, die ihr Pfeifling Toback rauchte,* das berühmte Bier erwähnt Claudius nicht. Weiter geht es über Hannover, Celle und Lüneburg. Schließlich *den 3ten auf der Hoop an der Elbe angekommen und herrlich geschlafen, des Morgens um 4 Uhr an der Elbe promeniert, Hamburg angesehen und frohlockt.* Und dann *um 6 mit Leib und Seel und Kutsch und Pferden glücklich in Wandsbeck angekommen, zum Erstaunen aller Einwohner, die den Herrn Oberlandescommissarius mit dem Schnapsack auf dem Rücken erwarteten, weil er sich in Darmstadt so schlecht aufgeführt, daß er nicht bleiben können.* Man sieht daran, dass es Claudius nicht egal war, was man von ihm dachte. Aber er ließ sich nicht von seinem Beschluss abbringen, fortan unabhängig zu sein, auch wenn das bedeutete, ein karges Leben zu fristen. Schon vor der Abfahrt aus Darmstadt hatte er an Herder auf dessen besorgte Anfrage, was er denn in Wandsbek zu machen gedenke, geschrieben: *Übersetzen, Fortsetzung von Asmus herausgeben, und Befiehl du deine Wege pp.* Mit Paul Gerhardts Klassiker des Gottvertrauens wollte er es also halten, mit dem Trost des „der Wolken, Luft und Winden, gibt Wege Lauf und Bahn, der wird auch Wege finden, da dein Fuß gehen kann". Gleichwohl hieß das immer wieder, gewissermaßen von Gott geschickte Gönner, Mäzene und Auftraggeber zu finden, die das Notwendige zum Leben mit einer wachsenden Familie zur Verfügung stellten (und zwischendrin auch immer mal wieder Lotto zu spielen – so widersprüchlich sind

Das Wappen von Wandsbek zeigt auf blauem Grund den Hut, Tasche und Schirm des *Wandsbecker Bothen* in Silber, in der linken Wappenecke ist der Schild von Stormarn, ein weißer Schwan auf rotem Grund, enthalten.

wir Menschenkinder, mit einem „Befiehl du deine Wege" gehen wir in die Lotto-Annahmestelle).

Erst einmal wurde das alte Haus wieder bezogen, im Garten stand immer noch ein von Claudius gebautes hölzernes Gerüst, das zugleich Laube und Aussichtsplattform war und das er *Lusthaus* nannte. Am 4. Juni brachte Rebecca wieder (nur) ein Mädchen zur Welt, das am 6. Juni getauft wurde auf den Namen Anna. Im Juli zog der Freund Johann Hinrich Voß, der endlich Ernestine Boie geheiratet hatte, nach Wandsbek. Claudius und Rebecca halfen bei der Einrichtung des Hausstands. Ernestine berichtet in ihren „Erinnerungen" in kurzweiligem Plauderton, wie man, sowohl um zu sparen wie um der Geselligkeit willen, gemeinsam kochte, zu Tische saß, kleine Feste feierte und vergnügt war: „Abends waren wir häufig mit Claudius zusammen, und in dem Haus, wo nach vorhergegangener Untersuchung das meiste Essenswürdige sich fand, ward die Tafel gedeckt. Eine bedeutende Rolle spielten ein Stück kaltes Pökelfleisch oder ein Karpfen, den man vom Fischer im Schloßgarten selbst aus dem Teiche heben sah, und ins Schnupftuch gebunden nach Hause trug."

Manchmal ging man danach zum Kegeln in die Gastwirtschaft von Claudius' Schwiegermutter Behn, die zwei Kegelbahnen im Garten hatte. Claudius präsidierte dem Kegelvergnügen, bei dem die Wandsbeker Frauen freien Zutritt hatten. Nur Bier und Wasser waren als Getränk erlaubt. „Manchmal kegelten wir bis zehn Uhr, bei Licht und im Mondenschein. Auch gesungen durfte werden, außer wenn Pastor Milow da war, der mit kegelte, ohne bei seiner Gemeinde Anstoß zu erregen."

Was so leicht und heiter klingt, war doch nicht so einfach, dieses Leben ohne festes Einkommen. Ernestine Voß schreibt im Oktober 1777 an ihre Mutter: „Wovon Claudius lebt, ist vielen ein Rätsel." *Täglich zu singen*, heißt ein Liedgedicht, das Claudius um diese Zeit in den Adreß-Comtoir-Nachrichten veröffentlichte. *Ich danke Gott und freue mich/ Wie's Kind zur Weihnachtsgabe,/ Daß ich bin, bin! Und daß ich dich/ Schön menschlich Antlitz habe.* Unter Bezugnahme auf einen Satz in Jesu Bergpredigt heißt es da zum Schluss: *Gott gebe mir nur jeden Tag,/ Soviel ich darf zum Leben./ Er gibt's dem Sperling auf dem Dach,/ Wie sollt er's mir nicht geben!* Eine solche auf den erhaltenden Gott vertrauende Einstellung muss eingeübt werden, deswegen die Anweisung *Täglich zu singen*. Es ist eine Einübung in Bescheidenheit und Selbstgenügsamkeit. Einerseits ein naiver christlicher Existenzialismus, ein schöner Dank für die Gabe des Lebens, andererseits könnte man Claudius vorwerfen, dass er mit dieser Aufforderung den Armen Entsagung predigt. Die dankbare Haltung des Kindes, das sich über jedes Geschenk freut, wird zum Maßstab gemacht. In gut christlicher Manier werden die Gefahren von Macht und Reichtum eindrücklich geschildert. Macht korrumpiert und *Reichtum bläht*, sagt Claudius. *Und all das Geld und all das Gut/ Gewährt zwar viele Sachen/ Gesundheit, Schlaf und guten Mut/ Kann's aber doch nicht machen.* Diese bis heute in christlichen Kreisen übliche Abwertung des Materiellen zugunsten des Spirituellen kann sich auf Jesus nicht berufen. Denn wenn Jesus in der Bergpredigt auch die Armen selig gepriesen und zu Königen erklärt hat, so meinte er damit doch nicht das resignative Abfinden mit dem Unrecht. Im Gegenteil, er wollte die Armen auf die Umkehrung der Verhältnisse einstimmen.

Im dritten Teil seiner *Sämtlichen Werke*, den Claudius im August 1777 zur Subskription anbietet und der Ostern 1778 erscheint, häufen sich die Gedichte und Lieder, die diese genügsame Lebensweise preisen. Das schon erwähnte *Morgenlied eines Bauernmanns* gehört dazu und als Gegenstück das *Abendlied des Bauermanns*, das die Ethik der Genügsamkeit fast übertreibt: Er habe zwar kein *Herrenfutter*, sagt der Bauersmann, aber *Brot, Milch und Butter*, und ruft seine Kinderschar zum Abendessen draußen unter dem sommerlichen Sternenhimmel mit dem Satz: *Nun Kinder esset, eßt mit Freuden/ Und Gott gesegn es euch/ Sieh Mond! ich bin wohl zu beneiden/ Bin glücklich und bin reich.* Auch *Die Serenata, im Wald zu singen* arbeitet wieder mit dem Gegensatz von Arm und Reich. Der von den Gärtnern der Reichen besorgten Waldpflanzung in langen Reihen stellt Claudius den von *Mutterlieb Natur* geschaffenen Wald gegenüber. Grün und dicht ist er, macht es kühl und streckt sich hoch hinan. Die Herren sitzen auf dem Sofa oder dem Thron, die einfachen Leute aber sitzen *Auf bloßer Erde feucht und kalt!/ Und wir, wir sitzen hier,/ Und freun uns über diesen Wald/ Und danken Gott dafür.* Auch hier wieder die typische Manier, die Armen in ihrem Stand, ihren Verhältnissen zu belassen. Die von der Natur beschenkten Armen sind im natürlichen Wald reicher als die Reichen, die sich ihren künstlichen Wald schaffen. Dass Grund- und Waldbesitz zu den Privilegien der Reichen und Adligen gehört, dass zu Claudius Zeiten Waldfrevel immer noch bestraft wird, kommt in der *Serenata* nicht vor (allerdings an anderer Stelle, dort wo der Invalide Görgel an die im Wald Holz sammelnden Armen erinnert). Aus dem Naturzustand im Wald wird kein Naturrecht auf Gleichheit abgeleitet. Aber

Claudius schlägt hier einen Ton an, der sich später in den Gedichten der Romantik, besonders bei Eichendorff, im Lobpreis des Waldes und der Waldeinsamkeit wiederfand.

Die *Serenata* ist im Wechsel von Solo und Chor ,komponiert', desgleichen die *Weihnachtskantilene*, das schon erwähnte *Bauernlied* und die wechselchörige *Motet*. Der musikalisch begabte Claudius schrieb nicht nur eine höchst musikalische Poesie, sondern legte seine Texte auch musikalisch an – als Dialoglied (so *Der Tod und das Mädchen*), Ensembleszene oder Responsorium. So verwundert es nicht, dass viele seiner Gedichte oft mehrfach vertont wurden, nicht nur das berühmte *Abendlied*.

Zu den häufig vertonten Liedern (u.a. von J.A.P. Schultz und J. F. Reinhardt) gehörte das beliebte *Rheinweinlied*: *Bekränzt mit Laub den vollen Becher,/ Und trinkt ihn fröhlich leer./ In ganz Europa, Ihr Herren Zecher!/ Ist solch ein Wein nicht mehr.* Patriotischer Stolz spricht aus diesem Lied. Nicht aus Ungarn oder Frankreich kommt der beste Wein, sondern aus *der Fülle des Vaterlands.* Aber er wächst auch nicht überall im deutschen Reich, und dann geht Claudius verschiedene Mittelgebirge ab. Thüringens Berge, da sieht das Gewächs nur wie Wein aus, das Erzgebirge, den Blocksberg, er schildert ihre Produkte und Charakteristika, um dann jubelnd zu schließen: *Am Rhein, am Rhein,/ Da wachsen unsre Reben;/ Gesegnet sei der Rhein!/ Da wachsen sie am Ufer hin, und geben/ Uns diesen Labewein.*

Eine „Perle der Lyrik" (Stammler) ist dieses Rheinweinlied nun gerade nicht. Es war wohl so beliebt, weil es den Rheinwein über die anderen Weine Europas erhob. Insofern ist es ein Vorläufer der Beschwörung des deutschen Rheins, der angesichts der Besetzung durch Napoleon und später durch die Ansprüche Frankreichs auf die linksrheinischen Gebiete um 1830 zum Gegenstand deutscher Nationalidentität wurde und zu heftiger liedhafter Gegenwehr führte in Machwerken wie „Die Wacht am Rhein": „Sie sollen ihn nicht haben, den deutschen Rhein", hieß es. Heinrich Heine reagierte darauf ironisch, indem er sagte: „Der Rhein gehört mir. Ich bin des freien Rheins weitaus freierer Sohn." Claudius aber bekam von den Rheinwinzern jedes Jahr eine Kiste Wein geschenkt.

Für die Liebhaber von Kartoffelgerichten sei mitgeteilt: Auch ein *Kartoffellied* hat Claudius verfasst, in dem er die Erdknolle als rechtes *Magenpflaster* von den eher ungesunden Pasteten der Franzosen absetzt. Andererseits sagt er einmal sehr entschieden: *Am Neujahrstag ist mein Patriotismus mausetot und 's ist mir an dem Tage, als wenn wir alle Brüder wären.*

Eine Fantasiereise nach Japan und der Bittbrief
eines gejagten Hirschen

Claudius konnte sehr witzig sein. Das zeigt vor allem der Text *Die Nachricht von meiner Audienz beim Kaiser von Japan*, der unter den Prosabeiträgen des *3. Teils* der *Sämtlichen Werke* der lustigste ist. Dieser satirische Reisebericht besteht aus einer Vorrede und einem Protokoll der Audienz in Rede und Gegenrede in einem herrlich erfundenen Kunst-Japanisch mit deutscher Übersetzung. Das ist so witzig und anspielungsreich, dass es eine wahre Freude ist, diesen höheren Unsinn zu lesen. Ausgangspunkt für die Reise ist das Gedicht *Wandsbek eine Art Romanze* im *1. und 2. Teil* der *Sämtlichen Werke*, das Claudius dem Kaiser von Japan gewidmet hatte. Asmus' Vetter lädt ihn eines Tages zu einer Seereise ein, die nicht weiter beschrieben wird. Schnell sind sie auf der Höhe von China, da fällt ihnen ein, sie könnten zu dem nicht weit entfernten Japan fahren. (Die Ortskenntnisse entnahm Claudius einer 1777 veröffentlichten Reisebeschreibung des aus Lemgo stammenden Arztes Engelbert Kämpfer.) In Nagasaki gehen sie an Land und fahren weiter nach Edo, sprich Tokio, wo sie der Hofmarschall Albiboghoi, ein arger Schmeichler und böser Mann, zur Audienz beim Kaiser abholt. Claudius benutzt das asiatische Kolorit, um den Fürsten in Deutschland den Spiegel vorzuhalten, zugleich auch um aktuelle philosophische und religiöse Fragen zu erörtern. So fragt der Chan: *SomeNto'Filete' Oschsa' Pitu-Ni'QuirlischemiNto*. Auf Deutsch: *Die Welt ist, wie ich höre, sich überall gleich. So wird's wohl auch in Europa an Einwendungen und Zweifeln gegen die Religion nicht fehlen?* Asmus antwortet mit dem Hinweis auf Lessings 1778 veröffentlichten „vierten Beitrag" aus der Wolfenbütteler Bibliothek über „die Zweifel eines Ungenannten", also die bibelkritischen Fragmente des Hamburger Gelehrten Reimarus. Nun entspinnt sich ein kluger Dialog darüber, wie Lessing mit diesen Zweifeln umgeht. Er lässt sie, so erklärt Asmus es dem Kaiser, aufmarschieren, sagt dann aber: *Marschiert ihr dagegen. So 'n Trupp Religionszweifel ist aber wie die Klapperschlange, und fällt über den ersten besten wehrlosen Mann her; das will er nicht haben, und darum hat er gleich jedem Zweifel einen Maulkorb umgetan.* Die förmliche Widerlegung des Zweifels durch Lessing ist noch nicht gekommen, sagt Asmus weiter, *aber wird vielleicht noch kommen.* Das erfasst sehr schön Lessings Absicht, den einfachen Christen, der in seinem Glauben selig ist, mit den bibelkritischen Fragmenten nicht verunsichern zu wollen.

In einem weiteren Gesprächsgang geht es um die Vielweiberei, die Asmus mit seinem eigenen Beispiel souverän ablehnt: *Gibt es was Schönres und Herzlicheres in der Natur, als 'n Vater in einem großen Schwarm von Kindern und neben sich das Weib, das sie ihm alle geboren hat.* Schließlich dreht sich das Gespräch darum, wie sich ein guter Fürst verhalten soll. Das gibt Asmus Gelegenheit, in einer Art Fürstenspiegel sein Ideal genauer zu beschreiben. Auf die Feststellung des Chan, Zorn und anderen Leidenschaft seien doch auch bei Fürsten vorhanden, antwortet Asmus: *Ein guter Fürst fürchtet Gott, und bittet von ihm Weisheit, daß er wohl regieren möge; und denn gibt ihm Gott Weisheit und salbt ihm sein Herz mit hoher himmlischer Gesinnung.* Er warnt den Chan vor den Schmeichlern.

Zum Schluss gewährt ihm der Chan eine Gnade. Da lässt Asmus-Claudius seiner Aggression freien Lauf und bittet um eines der Ohren des schmeichlerischen Hofmarschalls Albiboghoi, der zuvor dem Kaiser nahegelegt hatte, der Europäer solle Harakiri begehen, sprich sich den Leib aufschneiden. Der herbeigerufene Chirurg nimmt dem Marschall draußen das Ohr ab, der Chan bringt es Asmus höchstpersönlich in einer Porzellandose. Um die satirische Grausamkeit perfekt zu machen, wird diese Dose mit dem Ohr auch noch abgebildet. Asmus verabschiedet sich mit einem Herzenswunsch: *Wenn du irgend umhin kannst, lieber guter Fürst, so führe nicht Krieg. Menschenblut schreiet zu Gott und ein Eroberer hat keine Ruhe.* Dieses indirekte Zitat aus 1. Mose 4 geht natürlich an die Adresse der europäischen Fürsten, aber es verrät auch etwas von Claudius' durchgängiger Kriegskritik. Und es lässt den Gedanken aufblitzen, wie es gewesen wäre, wenn das Christentum Kolonialisierung und Missionierung ohne Gewalt und Krieg betrieben hätte.

Eine erdichtete Reise ist auch das Gedicht *Urians Reise um die Welt* (aus dem 5. Teil der *Sämtlichen Werke*), das so beginnt: *Wenn einer eine Reise tut, so kann er was verzählen. Drum nahm ich meinen Stock und Hut und tat das Reisen wählen.* Es enthält den sprichwörtlich gewordenen Kehrvers: *Da hat er gar nicht übel dran getan, verzähl er nur weiter, Herr Urian.* Dieser teilt uns witzige Erlebnisse in vier Erdteilen mit, um abschließend festzustellen: *Und fand es überall wie hier, fand überall n' Sparren. Die Menschen geradeso wie wir und ebensolche Narren.* Beethoven hat das Gedicht vertont.

Eine in dem Dorf Poppenbüttel startende reale Alsterpartie macht Claudius 1788 zur imaginären Weltreise, wie der dänische Schriftsteller Jens Baggesen berichtet, indem er die Segeltour über die spiegelglatte Alster weiter zum Äquator und zum Kap der Guten Hoffnung führt.

Ich denke manchmal, man sollte es wenigstens zur Hälfte so halten wie unsere Dichter vor der Zeit des Massentourismus – auf Fantasiereise gehen beziehungsweise auf eine reale Reise eine erfundene folgen lassen, so würde die Umwelt geschont und auch unser Geldbeutel.

Angemerkt sei noch, dass Claudius sich mal kurz, angestiftet von Gerstenberg, mit Auswanderungsplänen nach Tahiti befasst hat. Das war aber keine wirklich ernsthafte Idee. Er hielt es eher mit Pascal, der bekanntlich meinte, das Unglück des Menschen rühre daher, dass er nicht ruhig in seinem Zimmer bleiben könne. Claudius hätte diesen Satz natürlich um „und in seinem Garten hinterm Haus" erweitert.

Zu Claudius' „Lektion in Humanität" (P. Berglar) gehört auch das *Schreiben eines parforce gejagten Hirschen an den Fürsten, der ihn parforcegejagt hatte, d.d. [durch denselben] jenseit des Flusses.* Claudius nimmt hier die fürstliche Hofgesellschaft ins Visier, die Rotwild und Sauen mit einer Hundemeute und bestallten Jägern zu Tode hetzte und die der Darmstädter Erbprinz gerade zu der Zeit, als Claudius sich dort befand, wieder einführen wollte. Das Schreiben ist in einem untertänigen Hofstil gehalten: *Durchlauchtigster Fürst, gnädiger Fürst und Herr! Ich habe heute die Ehre gehabt, von Ew. Hochfürstlichen Durchlaucht parforcegejagt zu werden! Bitte aber unterthänigst, daß Sie gnädigst geruhen, mich künftig damit zu verschonen.* Der Hirsch appelliert an den Fürsten, indem er ihn bittet, sich in seine Lage zu versetzen: *Ew Hochfürstliche Durchlaucht sollten nur einmal parforcegejagt werden, so würden Sie meine Bitte nicht unbillig finden. (…) Ich liege hier und mag meinen Kopf nicht aufheben, und das Blut läuft mir aus Maul und Nüstern (…) Lassen Sie mich lieber totschießen, so bin ich kurz und gut davon.* Durch die sarkastisch-resignativen Worte des Hirschen wird Mitgefühl für die leidende Kreatur erzeugt. Die Fabel atmet den Geist einer Ethik, die die Tiere als gleichwertige Geschöpfe ansieht, und die erst jüngst Verfassungsrang erhielt.

Schließlich sei der Text *Über das Gebet, an meinen Freund Andres* erwähnt. Er ist ein schönes Beispiel für die sich in der Folgezeit häufenden Ratschläge des Wandsbeker Boten für eine christliche Lebenskunst, wie man mit einem heutigen Begriff vielleicht sagen würde. Claudius fängt mit den äußeren Merkmalen des Betens an. Wenn einer beim Beten die Augen verdrehe, so möge es ja noch hingehen. Aber *groß und breit beim Gebet zu tun,* das sei nicht auszustehen. Das Händefalten hält er für eine *feine äußerliche Zucht.* Das Entscheidende aber sei das *innerliche heimliche Hinhängen, Wellenschlagen und Wünschen des Herzens.* Menschen, die nichts vom Wünschen hielten, könne er nicht verstehen. Man müsse *ja ein hölzerner Bube sein, wenn man seinen Vater niemals etwas zu bitten hätte. Wenn der Wunsch inwendig in Dir Dich nahe angeht, Andres, so wird er nicht lange anfragen, er wird Dich übermannen wie'n starker gewappneter Mann, wird sich kurz und gut mit einigen Lumpen von Worten behängen und am Himmel anklopfen.* Claudius beschreibt etwas ausführlicher, was Jean Paul kurz und bündig so nennt: „Beten ist Wünschen, nur feuriger." Dann kommt er auf die entscheidende Frage, ob *das Gebet einer bewegten Seele etwas vermag und wirken kann oder ob der Nexus Rerum (also der Naturzusammenhang) dergleichen nicht gestattet, wie einige Herren Gelehrte meinen.* Claudius will darauf nicht näher eingehen, hält aber daran fest, dass Gebete sich wohl erfüllen, *wenn einer nur recht betet und recht gesinnt ist.* Das weist voraus auf Bonhoeffers Diktum, Gott warte und antworte „auf aufrichtige Gebete und verantwortliche Taten" (zeigt aber auch die Differenz, denn Bonhoeffer sagt ja vor allem, Christsein bestehe heute „im Beten und im Tun des Gerechten unter den Menschen"). Das *beste Gebet* sei ohnehin das Vaterunser, *denn du weißt, wer's gemacht hat.* Schön und zu Herzen gehend ist seine Erläuterung der bildlichen Vorstellungswelt, in und mit der er betet: *Sieh, wenn ich beten will, so denk ich erst an meinen seligen Vater, wie der so gut war und mir so gerne geben mochte. Und dann stell ich mir die ganze weite Welt als meines Vaters Haus vor und alle Menschen in Europa, Asien, Afrika und Amerika sind denn in meinen Gedanken meine Brüder und Schwestern; und Gott sitzt im Himmel auf einem goldenen Stuhl und hat seine rechte Hand übers Meer und bis ans Ende der Welt ausgetreckt und sein linke voll Heil und Gutes, und die Bergspitzen umher rauchen – und denn fang ich an: Vater Unser der du bist im Himmel.* Es ist die naive Vorstellungswelt des Kindes, zu der sich Claudius hier bekennt – dazu gehören das innige Vatergefühl (in dem wohl auch der Gedanke an die Mutter mitschwingt) wie das Bild vom im Himmel thronenden Gott, das aber zugleich Vorstellungselemente alttestamentlicher Theophanien enthält – die rauchenden Berge (Exodus 20,18). Indem er sich so ungeschminkt zu dieser Naivität bekennt, enthüllt er sie als Hilfsmittel, um das Unanschauliche anschaulich zu machen, aber eben als Bild, als Vergleich, als Metapher. Die kindliche Illustrierung will dem Leser sagen: Wörtlich darfst du das nicht nehmen.

Noch mehr Kinder, ein größeres Haus und umstrittene Übersetzungsarbeiten

Die Familie wächst weiter. Am 2. September 1779 wird die Tochter Auguste geboren, 1781 Trinette, 1783 endlich der erste Sohn Johannes und 1786 der zweite Sohn Matthias. Um die größer gewordene Familie besser unterbringen zu können, kauft Claudius Ende 1781 ein Haus in der Wandsbeker Straße. *Da unser bisheriges Haus zusammenzufallen drohte, [habe] ich uns einen eigenen Herd gekauft, den wir auch schon seit 14 Tagen würklich kultivieren und sehr probat finden*, schreibt er im März 1782 an Gerstenberg. *Gott erhalte uns gesund darin, daß wir darin bleiben können, denn wir können itzo eine Kuh halten, das uns eine große Hilfe ist.* Und dann bittet er den Freund noch, wenn er wolle, ihm wie die anderen Bekannten einen Baum für den Platz hinter dem Haus zu schenken.

Ein guter Freund bis ins Alter wurde 1780 Friedrich Heinrich Jacobi, ein wohlhabender Düsseldorfer Schriftsteller und Philosoph, mit dem Claudius in Religionsfragen weitgehend übereinstimmte und der später durch die Lessing-Spinoza-Kontroverse bekannt werden sollte. Dieser schickte seine beiden Söhne nach Wandsbek, um sie von Claudius erziehen zu lassen, auch das eine kleine Einkommensquelle. Der schwierigere der Söhne hat später in seiner Biografie Claudius als Erzieher allerdings kein gutes Zeugnis ausgestellt.

Seinen Lebensunterhalt musste sich Claudius nun vermehrt mit Übersetzungen verdienen.

Da ist zunächst die Übersetzung der *Geschichte des egyptischen Königs Sethos* des Abbe Terrasson zu nennen. Dieser Erziehungs-, Abenteuer- und Liebesroman trat unter dem Anspruch auf, die Mysterien des alten Ägypten erklären zu können. Daran hatte man besonders in Freimaurer- und Illuminatenkreisen großes Interesse: So diente der Sethos-Roman Emmanuel Schikaneder 1791 als Vorlage für sein Libretto zu Mozarts „Zauberflöte", Mozart war bekanntlich sein Logenbruder. Das Geheim-Wissen des alten Ägypten war immer ein Subtext der europäischen Geistesgeschichte gewesen. Claudius hatte den Auftrag zu der Übersetzung von dem Breslauer Verleger und Freimaurer Gottlieb Löwe erhalten. Er war auch wieder als Freimauer in der von Jakob Mummsen gegründeten Hamburger Andreasloge aktiv geworden, in die er als „Liebhaber von Theologie und Philosophie" eingeführt worden war. Hier hält er Reden und verfasst Lieder wie das *Trinklied*. Die besondere Note ist dabei neben der Lebensfreude die Achtsamkeit für den schwachen und kranken Nachbarn, für die Traurigen, Armen und Müden. Fast wie in einem Fürbittgebet wird ihrer im Refrain gedacht: *Armer Mann, bang und beklommen, ruf uns nur, wir wollen kommen.* Die Erwähnung des kranken Nachbarn hat hier wie im *Abendlied* ihren Ursprung natürlich im christlichen Nächstenliebegebot, das von der freimaurerischen Ethik offensichtlich sehr ernst genommen wurde.

Zu einem ähnlichen Genre wie der *Sethos* gehört die nächste Übersetzung: *Die Reisen des Cyrus – eine moralische Geschichte. Nebst einer Abhandlung über die Mythologie und die alte Theologie* des in Frankreich lebenden Schotten Andrew Michael Ramsay. Auch dies eine Art Erziehungsroman – der junge persische König Cyrus geht nach seinem Regierungsantritt auf Reisen, um die Staatseinrichtungen und die verschiedenen Glaubenssysteme kennen zu lernen. Durch die hineingewobene Darstellung des Triumphs der jüdisch-monotheistischen Glaubenslehre über die heidnischen Religionen gelangt Cyrus zu dem Entschluss, die Hebräer aus ihrer Gefangenschaft in Babylon zu befreien. Claudius widmete das Buch als eine Art Fürstenspiegel dem dänischen Kronprinzen mit der Bemerkung: *Sie sollen mal 'ne Krone tragen als der Freund und Vater von viel tausend Menschen, (…) und es wird ihnen an Schmeichlern und Versuchung zum Bösen nicht fehlen. Sie wissen freilich am besten, wie Sie sich dabei benehmen wollen; aber es wird Sie doch freuen zu sehen, wie der Kronprinz Cyrus sich dabei benommen hat (…) Sei'n Sie so gnädig es zu lesen, und Gott gebe, daß Sie ein guter König werden.* Diese Widmung und andere poetische Ergebenheitsadressen sollten für Claudius später Früchte tragen.

Claudius' Interesse am Orient und seinen Religionen war durch diese Übersetzungen geweckt worden. Die Heiden waren wohl nicht *so entsetzlich blind* wie allgemein angenommen, schreibt er und *es fliegen an ihren Altären der Funken so viel wie die israelitischen aussehen.*

So macht er sich mit großem Interesse an die Übersetzung der französischen Schrift *Des erreurs et la vérité*,
die 1775 als Werk eines „Philosophe inconnu" in Edim-
burgh (sic!),in Wahrheit in Lyon, erschienen war. Ihr
Verfasser war der französische Aristokrat Louis Claude
de Saint-Martin (1743–1803). Saint-Martin gehörte zur
südfranzösischen Freimaurerei und vielleicht hat Claudius das Buch auch über einen Logenbruder, den Freiherrn Christian August Heinrich Curt von Haugwitz
(1752–1821) kennen gelernt, dessen Bekanntschaft er
in Berlin gemacht hatte und mit dem er damals in
regem Austausch stand. Haugwitz entstammte einer
schlesischen Adelsfamilie, war als Schlesier vertraut mit
den Lehren Jakob Böhmes, des Mystiker-Schuhmachers
aus Görlitz, und mit der in Schlesien ansässigen Herrn-
huter Brüdergemeine des Grafen Zinzendorf. Unter
ihrem Einfluss hatte Haugwitz begonnen, den Bund der
„Kreuzfrommen" in der Freimaurerei zu etablieren und
im Aufnahmeritual ein ausdrückliches Christusbekennt-
nis zu verlangen, was in den schlesischen Logen allerdings zu Kontroversen und Ablehnung führte. Haugwitz
versuchte daraufhin, mit seiner Logenreform im Hamburger Raum und in Schleswig-Holstein (es gab eine
Loge in Louisenlind an der Schlei) Fuß zu fassen. Haugwitz besuchte Claudius in Wandsbek, wurde ein enger
Freund, unterstützte Claudius mit Geldzuwendungen
und vermittelte ihm eine Pension von jährlich 200
Talern, die der junge Graf von Schlabrendorf (die Familie ist viel später bekannt geworden im Widerstand
gegen Hitler) ihm gewährte.

Zurück zu Claudius' Übertragung des Werks von
Saint-Martin. Sie erscheint 1782 unter dem Titel *Irrthü-
mer und Wahrheit, oder Rückweiß für die Menschen auf das
allgemeine Principium aller Erkenntniß.* Weiter heißt es in
dem ausführlichen Titel: dass den Beobachtern *der Weg
angedeutet wird, den sie hätten gehen müssen, um die physi-
sche Evidenz über den Ursprung des Guten und des Bösen zu
erhalten, über die Menschen, über die materielle, immaterielle*

und heilige Natur etc. Nach Saint-Martin entsteht die Welt aus dem göttlichen Prinzip. Der Urmensch (Adam) fällt aber von diesem ersten Prinzip ab und wird in die materielle Körperlichkeit verbannt. Er steht im Widerstreit zwischen Gut und Böse, verblieben ist ihm aber die Sehnsucht nach der verlorenen Heimat. In seiner umständlichen, zunächst nicht so richtig auf den Punkt kommenden Vorrede begründet Claudius sein Interesse an Saint-Martins Buch schließlich damit, dass es *die Nichtigkeit dieser Welt (predigt)* und *auf allen Blättern von dem Sichtbaren zu dem Unsichtbaren, von dem Vergänglichen zu dem Unvergänglichen (treibt)! und das ist doch nichts Böses.* Mehr noch: *Wir Menschen gehen doch wie im Dunkeln und können uns nicht helfen, und die Versuche der Gelehrten es zu tun sind nur brotlose Künste.* Dasselbe sagt er übrigens in der 4. Strophe des *Abendlieds,* das in den *Sämtlichen Werken 4. Teil* gleich hinter der Vorrede zu Saint-Martin abgedruckt wird.

Diese skeptische Beurteilung der Aufklärung, denn darum handelt es sich, und ihre Ablösung durch eine gnostische Spekulation über Weltentstehung, Weltverlust und Wiederherstellung fand keineswegs überall Zuspruch. Der Aufruhr, der durch das Werk erregt wurde, hat Claudius' Ansehen in der damaligen gebildeten Welt lange geschadet. Auch die Freunde Herder und Hamann gehörten zu den Tadlern. Die Übersetzung trug ihm eher Feindschaften ein, Claudius geriet in den Verdacht, ein „Schwärmer" zu sein, wie die radikalen Spiritualisten seit der Reformationszeit genannt wurden. Die bekannteste Kritik ist die von Goethe und Schiller in den „Xenien": „Irrtum wolltest du bringen und Wahrheit, o Bote von Wandsbek./ Wahrheit, sie war dir zu schwer; Irrtum, den brachtest du fort."

Zur Ehrenrettung von Claudius weise ich darauf hin, dass dieser gnostische Mythos, den Saint-Martin benutzte, im 20. Jahrhundert in Thomas Manns „Joseph und seine Brüder" in dem sogenannten „Roman der Seele" eine gelungene literarische Vergegenwärtigung gefunden hat. Auch der jüdische Philosoph Hans Jonas griff auf ihn in seiner bewegenden Rede „Der Gottesbegriff nach Auschwitz" (Tübingen 1983) zurück, um das Schicksal Gottes in der Weltwerdung zu beleuchten – durch Untaten wie die der Nazis drohe Gott, sich aus der Welt zurückzuziehen. Allein Handlungen wie die der 36 unbekannten Gerechten würden ihn daran hindern und die Welt im Gleichgewicht halten. Claudius interessierte an Saint-Martin, wie gesagt, die Relativierung der sichtbaren zugunsten der unsichtbaren Welt. Aber er blieb der Erde treu, wie immer wieder sein Schöpfungslob zeigt. Geisterseherei á la Swedenborg, die damals beliebt war, hielt er nicht für ausgeschlossen, kommentierte sie aber humorvoll, was doch Distanz erkennen lässt.

Wachsender Pessimismus – die Welt als Jammertal

Claudius' christlich-lutherischer Pessimismus bekam jetzt deutlichere Konturen. Das Los der Menschen ist Leiden, diese Aussage zieht sich durch den *4. Teil der Sämtlichen Werke*. Besonders in der Auslegung von Genesis 3,17–19: *Verflucht sei der Acker um deinetwillen etc.* Erst beschwört Claudius den Paradieszustand: *Der Mensch war glücklich! Und er machte sich elend!* Schaut man sich den Bibeltext aber genau an, so ist die mit der Verfluchung des Ackers beginnende Gottesrede weniger eine Verfluchung als eine Beschreibung der Konsequenzen des Fehlverhaltens des Menschen. Durch die kräftige lutherische Sprache wird die Rede zum Fluch, der sich wirkmächtig dem Menschenschicksal aufdrückt. Daran knüpft der empfindsame Claudius an und verstärkt die pessimistische Beschreibung des Menschendaseins noch einmal: *Wir kommen mit Angst und Geschrei in die Welt und fahren mit Herzeleid wieder in die Grube (…) und unsern lieben Schöpfer und Vater hören und sehen wir nicht! gehen trostlos und verlassen, in Frost und*

Hitze, in Regen und Schnee, in Schmerz und Krankheit, sind wahnsinnig und unsinnig, können nicht schlafen, müssen gehen und husten Tag und Nacht und Eiter und Blut speien. Eine realistische Beschreibung der condition humaine zu Claudius' Zeiten (ähnlich in dem Gedicht *Der Mensch*), die trotz des Morgenlichts der Aufklärung und Wissenschaft immer noch nicht rosig aussieht. Und die Claudius wohl für nicht oder kaum veränderbar hielt, empfiehlt er doch den Nachkommen Adams, angesichts dieser Lage ihre Weiber und Kinder zu sich zu rufen und *zusammen sich satt zu weinen.*

Heute wird viel geklagt über das teure Gesundheitssystem unserer Gegenwart, über die kostenintensive Gerätemedizin und die Deutschen, die schon beim kleinsten Wehwehchen zum Arzt gehen. Doch würde wahrscheinlich niemand tauschen wollen mit den Menschen am Ausgang des 18. Jahrhunderts, deren gesundheitliche Lage oft schlimm war und die ohne wirksame ärztliche Hilfe ihr Leben fristen mussten. Einen Einblick in diese triste Realität des Krankenwesens bietet das Prosastück *Der Besuch im St. Hiob***. Eine Ortsangabe fehlt, doch das beschriebene Hospital ähnelt damaligen Hamburger Einrichtungen. Hier lässt sich eine Gruppe von Männern von dem Vorsteher Bernard durch ein Hospital führen, in dem *Wahnsinnige, Unsinnige* und Kranke untergebracht sind. Der Vorsteher gewährt Einblicke in die verschiedenen Formen des Irrsinns, dergleichen mit Schauder zu lesen war damals in Mode: *Die merkwürdigsten von allen aber waren vier Brüder, die in einem Zimmer beisammen sassen gegeneinander über – Söhne eines Musikanten, und Vater und Mutter waren in St. Hiob gestorben. Herr Bernard sagte, sie säßen die meiste Zeit so und ließen den ganzen Tag wenig oder gar nichts von sich hören: nur sooft ein Kranker im Stift gestorben, werde mit drei Schlägen vom Turm signiert, und sooft die Glock gerührt werde, sängen sie einen Vers aus einem Totenliede. Man nenne sie auch deswegen im Stift die Totenhähne.* (Eine merkwürdige Episode, die an die vier Brüder in Kleists

„Die heilige Cäcilie oder die Gewalt der Musik" erinnert, die nach dem durch höhere Intervention vereitelten Bildersturm in einem Aachener Kloster in ein Irrenhaus eingeliefert wurden. Dort stimmen sie stets um Mitternacht mit schrecklicher Intonation das Gloria in excelsis an. Gut möglich, dass Kleist den *Besuch im St. Hiob zu* ** gelesen hat.) Die Besuchergruppe trifft den Krankenpfleger Cornelio am Bett einer Frau, die gerade gestorben ist. *Wie können Sie alle Tage lang das Elend so ansehen?*, fragt einer der Besucher. Die nachdenklich machende Antwort: *Ist es darum weniger, wenn ich es nicht sehe? Und sieht man es denn allein hier?* Als die Besucher das Hospital verlassen, *ward die Leiche signiert und sowie der dritte Schlag gefallen war, fingen die Brüder an*: *Ach Herr! laß dein lieb Engelein,/ Am letzten Tag die Seele mein,/ In Abrahams Schoß tragen,/ Den Leib in sein'm Schlafkämmerlein,/ Gar sanft ohn ein'ge Qual und Pein,/ Ruhn bis am Jüngsten Tage. etc.* So werden die wahnsinnigen Brüder, indem sie den Schlusschoral aus Bachs Johannespassion singen, zu Boten christlicher Hoffnung.

Das Leiden des Menschen ruft bei Claudius die Frage wach, ob es etwas gibt, das größer ist als äußeres Glück. In dem *Passe-Temps* (Zeitvertreib) *zwischen mir und meinem Vetterin der Schneiderstunde* wird auf diese Einsicht in einem hübschen und zugleich komplizierten Dialog hingeleitet. So langsam lernt der Mensch im Laufe seines Lebens, dass das Land des Friedens und der Glückseligkeit im Verborgenen liegt. Er wird älter, der Tod rückt näher und er möchte gerne wissen, woran er ist. Da ruft Asmus sich die Sterbestunde seiner Mutter ins Gedächtnis, wie alle ratlos um ihr Bett standen. *Ich wollte mir mein Herze gerne trösten und wollte ihr so gerne noch was zuliebe tun, aber essen und trinken mochte sie nicht mehr, mochte auch sonst nichts mehr. (...) Da befahl ich sie Gott und ging hinaus (...) und machte ein Sterbegebet, daß sie ihr's vorläsen.* Das scheint ihm zu helfen, die schwere Stunde des Abschieds von der Mutter durchzustehen. Und er schließt mit dem Bekenntnis:

Wir sind nicht groß, und unser Glück ist, daß wir an etwas Größeres und Bessers glauben können. Es folgen fünf *Briefe an Andres*, die diesen über Jesus Christus belehren sollen. In der Art von Bibelstunden, die die Erzählungen der Evangelien paraphrasieren, wird der Glauben an Jesus Christus schlicht entfaltet, in einem hymnischen und andächtigen Ton: *Und nun ein Helfer, wie die Bibel den Herrn Christus darstellt, der umherging und wohltat, und selbst nicht hatte, wo er sein Haupt hinlege; um den die Lahmen gehen (…), dem Wind und Meer gehorsam sind und der die Kindlein zu sich kommen ließ und sie herzete; (…) der keine Mühe und keine Schmach achtete und geduldig war bis zum Tode am Kreuz, daß er sein Werk vollende; – der in die Welt kam die Welt selig zu machen, und der darin geschlagen und gemartert ward und mit einer Dornenkrone wieder hinausging! Andres, hast du je etwas Ähnliches gehört, und fallen dir nicht die Hände am Leibe nieder?*

Es ist lutherische Glaubenslehre, Katechismus-Wissen. An solchen Texten entzündete sich das Urteil, der alte Claudius sei ein Frömmler geworden, vom launigen Boten der Aufklärung habe er sich zum ernsten Boten eines zukünftigen Heils gewandelt, sein Stil sei dabei schmuckloser geworden. Andere haben Claudius wegen dieses Bekennermuts gelobt.

Der Mond ist aufgegangen –
das *Abendlied*: unvergänglich und schön

Im Jahr 1779 erscheint im Voßischen Musenalmanach das *Abendlied*. Es sollte Claudius bekanntester Text werden, fast jeder Deutsche kann zumindest die erste und die letzte Strophe singen. Seine enorme Rezeption begann bereits kurz nach seiner Veröffentlichung. Herder nahm das Lied 1779 in seine berühmte Sammlung der „Volkslieder 2. Teil" als einzigen zeitgenössischen Text auf. Warum ist dieses *Abendlied*, es wurde allein an die dreißig Mal vertont, so berühmt geworden?

Der Mond ist aufgegangen,
Die goldnen Sternlein prangen
Am Himmel hell und klar.
Der Wald steht schwarz und schweiget,
Und aus den Wiesen steiget
Der weiße Nebel wunderbar.

In der ersten Strophe gelingt es Matthias Claudius mit wenigen Worten, ein Bild der Abendstimmung zu zeichnen, das sowohl anschaulich als auch voller Geborgenheit ist: der aufgehende Mond, die Sterne (als *goldne Sternlein* bekommen sie etwas Märchenhaftes), die schwarze Zeile des Waldes und der weiße Nebel auf den Wiesen – wer das hört oder liest, ist sofort hineingenommen in dieses Stück Welt voller Abendfrieden, auch wenn Städter es heute so kaum noch erfahren. Die Naturerfahrung wandelt sich im zweiten Vers zu einer fast schon romantischen Deutung.

Wie ist die Welt so stille
Und in der Dämmrung Hülle
So traulich und so hold!
Als eine stille Kammer,
Wo ihr des Tages Jammer
Verschlafen und vergessen sollt.

Die Abenddämmerung, der Übergang vom Tag zur Nacht, ist eine besondere Zeit. Die harten Tageskonturen werden, wie im Gebirge die Linien der Berge, weich gezeichnet. *Traulich und hold* nennt Claudius die Welt zur Zeit der Dämmerung. Er vergleicht sie mit einer *stillen Kammer*, wo wir des *Tages Jammer* – heute nennen wir es Stress – verschlafen (im positiven Sinn des durch Schlaf zu Heilenden) und vergessen sollen.

Seht ihr den Mond dort stehen? –
Er ist nur halb zu sehen,
Und ist doch rund und schön.

So sind wohl manche Sachen,
Die wir getrost belachen,
Weil unsre Augen sie nicht sehn.

Noch einmal verweist der Dichter auf den Mond und kann ihn, weil er nur halb zu sehen ist, überzeugend als Gleichnis für die Begrenztheit unseres Wissens benutzen. So verteidigt er mit diesem Bild den Glauben an das Unsichtbare, an Gottes Welt; aber plädiert er so nicht auch dafür, im Umgang mit anderen Menschen barmherziger zu sein?

Wir stolze Menschenkinder
Sind eitel arme Sünder
Und wissen gar nicht viel.
Wir spinnen Luftgespinste
Und suchen viele Künste
Und kommen weiter von dem Ziel.

In diesem Vers setzt Claudius ein großes Fragezeichen hinter den menschlichen Erkenntnisdrang, indem er an die *Luftgespinste* und *Künste* einer selbstermächtigten Vernunft erinnert. Dies ist Kritik an einer sich absolut setzenden Aufklärung. Das *Abendlied* fragt uns so: Was wären heutige Formen dieser Selbsttäuschung?

Wir *kommen weiter von dem Ziel*, das heißt, von dem Ziel, ein Gott wohlgefälliges Leben zu führen. Auf diese Weise vorbereitet kann der Dichter in den folgenden Strophen die erbaulich-moralische Nutzanwendung der Liedpredigt, denn das ist das *Abendlied* auch, in Gestalt eines dreiteiligen Gebets folgen lassen:

Gott, laß uns dein Heil schauen,
Auf nichts Vergänglichs trauen,
Nicht Eitelkeit uns freun!
Laß uns einfältig werden
Und vor dir hier auf Erden
Wie Kinder fromm und fröhlich sein!

Wollst endlich sonder Grämen
Aus dieser Welt uns nehmen
Durch einen sanften Tod!
Und, wenn du uns genommen,
Laß uns in Himmel kommen,
Du unser Herr und unser Gott!

So legt euch denn, ihr Brüder,
In Gottes Namen nieder;
Kalt ist der Abendhauch.
Verschon uns, Gott!, mit Strafen,
Und laß uns ruhig schlafen!
Und unsern kranken Nachbarn auch!

Die erste Bitte bezieht sich auf den frommen Lebenswandel auf Erden im Aufblick zu dem zukünftigen Heil, die zweite bittet um einen sanften Tod und die himmlische Vollendung, die dritte um die göttliche Bewahrung und um einen ruhigen Schlaf, für uns und *unsern kranken Nachbarn*. Weil sie so fromm klingen, werden die ersten beiden Bitten selten gesungen. Die dritte ist trotz ihres deutlichen Gottesbezugs populär geblieben. Mit *Kalt ist der Abendhauch* (Ingrid Noll hat einem ihrer Krimis diesen Titel gegeben) wird noch einmal die Eigenständigkeit der Naturerfahrung in dem Lied aufgerufen.

Deutlich ist, dass der Typus des geistlichen Abendlieds, wie es in der Reformationszeit aufkam und in Nikolaus Hermanns „Hinunter ist der Sonnenschein" und später in Paul Gerhardts „Nun ruhen alle Wälder" beispielhaft Gestalt gewann, auch Claudius' Abendlied zugrunde liegt. Die Angst vor der hereinbrechenden Nacht wird verbunden mit der Erinnerung an den vergangenen Tag und mit der Bitte um göttliche Bewahrung. Claudius nimmt diese Tradition auf und verändert sie. Die Naturbeschreibung zielt auf geistliche Nutzanwendung und emanzipiert sich zugleich von ihr. Das Lied schwankt zwischen Naturbild und Glaubensermahnung, zwischen Abendgebet und Nocturno. Das ist der Grund dafür, dass das *Abendlied* trotz seiner im christlichen Glauben verankerten Spiritualität als Schlaflied so erfolgreich wurde.

Zur Bekanntheit des *Abendlieds* hat sicher auch seine Vertonung durch den aus Lüneburg gebürtigen königlich-dänischen Kapellmeister Johann Abraham Peter Schulz beigetragen. Sie hat aus *Der Mond ist aufgegangen* durch ihre schlichte fromme Weise ein Volkslied gemacht. Die dunkleren Schattierungen in der dritten, vierten und fünften Strophe finden musikalisch so keine Berücksichtigung. Über diese Eintrübungen *(arme Sünder, Luftgespinste, Eitelkeit)* singt man hinweg oder singt sie gar nicht mehr. Doch im Evangelischen Gesangbuch Nr. 482 stehen natürlich alle sieben Strophen, und wenn es geht, sollte man sie, so meine Meinung, durchsingen. Claudius selber wünschte sich, dass sein *Abendlied* auf die Melodie von „O Welt, ich muss dich lassen", die dem Abendlied Paul Gerhardts „Nun ruhen alle Wälder" zugrundelag, gesungen werden sollte. So stand es auch noch in früheren Gesangbuchausgaben. Christliche Frauen singen neuerdings im letzten Vers gendergerecht: „So legt euch, Schwestern, Brüder etc."

Wie jedes berühmte Lied oder Gedicht ist Claudius' Abendlied auch parodiert worden. So von Peter Rühmkorf: „Der Mond ist aufgegangen/ Ich zwischen Hoff- und Hangen/ Rühr an den Himmel nicht./ Was jagen oder Yoga?/ Ich zieh die Tintentoga/ Des Abends vor mein Angesicht." Das ist nicht nur eine abendliche Evokation im Geiste Claudius', sondern auch eine große poetische Erfindung. Indem er die Verszeile *Herr, laß mich dein Reich schauen* durch nur einen Vokal verändert „Herr, laß mich dein Reich scheuen", macht Rühmkorf deutlich, dass Reichgotteshoffnung auch Verdrängung oder Vertröstung sein kann. Zumindest erwähnen will ich die bekannte Parodie, die auf dem Missverstehen des Textes durch ein Kind beruht: „Und aus der Isar steiget der weiße Neger Wumbaba."

Drittes Kapitel

Die großen Fragen –
Gott, Revolution, Krieg und Tod

Eine für seine Verhältnisse weite Reise hat der an der Wandsbeker Kleinscholle klebende Claudius dann doch getan. Sie führt ihn 1784 nach Schlesien. In Breslau besucht er seinen Verleger Löwe, um Verlagsdinge mit ihm zu besprechen. Vor allem aber gilt die Reise dem Kontakt mit dem erwähnten Freiherrn Curt von Haugwitz, mit dem er sich angefreundet hatte und den er duzte. Man muss vermuten, dass es auch wieder um Haugwitz' Freimaurerprojekt ging. Von den kleinen Merkwürdigkeiten der Reise berichtet er in launigen Briefen seiner Frau Rebecca: *In Schlesien haben sie keine Teekessel, sondern kochen das Teewasser in kleinen steinernen Krucken, welches närrisch aussieht. Sollte mir noch ein Teekessel aufstoßen, werde ich nicht ermangeln, dir davon zu berichten.* Er trifft seinen Gönner, den Grafen Schlabrendorf. Später äußert Claudius sich gegenüber dem Schlesier Samuel Gottlieb Bürde, mit dem er mal in Wandsbek über das *schönste Vaterland* gestritten hatte, begeistert über dessen Heimat – *welch ein liebes, wunderschönes Land, voll Zauberschlösser und Zauberberge.* Ansonsten hat diese Reise keine literarischen Spuren hinterlassen. Das ist merkwürdig angesichts der sonstigen Sesshaftigkeit des Wandsbeker Boten, da müsste eine Reise doch Epoche machen. Nicht so bei Claudius. Und da er nicht die heutige Möglichkeit hatte, schnell ein paar Fotos zu machen und zu Hause zu präsentieren, bleibt die Schlesienreise fast ein weißer Fleck in seiner Biografie.

Die Rückreise führt Claudius auf Einladung Herders über Weimar. Hier ist besonders Goethe neugierig auf die „sonderbare Person" des Wandsbeker Boten, den er bis dato noch nicht persönlich getroffen hat. Doch Claudius agiert merkwürdig zurückhaltend. Er unterhält die Gesellschaft mit Klavierspiel und lustigen Erzählungen, aber am Diskurs beteiligt er sich nicht. Auch nicht auf der Fahrt zu Knebel nach Jena und zurück nach Weimar, als das Gespräch, eröffnet von Jacobi, nach Auskunft Caroline Herders auf das Fortleben nach dem Tode und auf Lessings Spinozismus kommt. Herders Anschauungen über Seelenwanderung und ein Weiterleben in der Immanenz der Welt konnte Claudius sowenig teilen wie Goethes Ansichten dazu. Er hält am Dualismus von Diesseits und Jenseits fest. „Claudius ist hier nicht warm geworden", schrieb Herder an Hamann. Auch der Besuch bei dem alten „Vater Gleim" in Halberstadt ist nicht gerade ein Höhepunkt des Freundschaftkults. (Gleim hatte bekanntlich in seinem Freundschaftstempel Bildnisse seiner besten Freunde aufgehängt.) Claudius wird nur lebhaft, als Gleim dem Obstbaumliebhaber einen schönen Borstdorfer Apfelbaum im Garten der Gastwirtschaft zeigt, ansonsten drängt er nach Hause zu Weib und Kindern und bleibt zur Enttäuschung Gleims nur einen Tag.

Eine Resonanz fand der Weimarer Aufenthalt allerdings in *Zwei Rezensionen etc in Sachen der Herren Lessing, M. Mendelssohn und Jacobi* (1786 als Einzeldruck und dann in *Sämtliche Werke 5. Teil*). Unmittelbarer Anlass war die Bitte F. H. Jacobis um Beistand im Streit mit Moses Mendelssohn. 1785 hatte Jacobi die Schrift „Über die Lehre des Spinoza in Briefen an den Herrn Moses Mendelssohn" veröffentlicht. Darin berichtet er von Gesprächen mit Lessing im Juli 1780, in denen dieser ihm erklärt habe, er sei überzeugter Spinozist, was er vorher nie getan hatte, auch nicht seinem Freund Mendelssohn gegenüber.

Für Jacobi und manch andere aber war Spinozismus gleichbedeutend mit Fatalismus und Atheismus. Und genau das empörte Moses Mendelssohn, als Jacobi das

Protokoll der Gespräche veröffentlichte; er sah darin einen Versuch, Lessing als einen heimlichen Gotteslästerer, mithin auch als Heuchler zu brandmarken. Daraufhin verfasste er eine Antwort „An die Freunde Lessings", in der er Jacobis Veruntreuung von Lessings Vertrauen beklagte. Als er, gesundheitlich bereits angegriffen, das Manuskript im Dezember 1785 zu seinem Verleger brachte, erkältete er sich schlimm und starb am 4. Januar 1786. Man kann also sagen, dass Mendelssohn Lessing seine Freundschaft bis in den Tod hinein bewahrt hat. Dass er dafür mit dem Tod bezahlt hat, wäre zu hoch gegriffen.

Claudius nun meint in seiner Rezension dem Freund am besten beistehen zu können, indem er ein Grundprinzip seines eigenen Denkens betont, das mit Jacobi übereinstimmt, nämlich dass Überzeugung aus Vernunftgründen nur Gewissheit aus zweiter Hand sei. Im Übrigen versucht er, den Konflikt zwischen Mendelssohn und Jacobi vermittelnd zu kommentieren, indem er die gegenseitigen Missverständnisse aufklärt und eher ihre Übereinstimmungen als ihre Differenzen herausarbeitet. Er empfiehlt, die Wahrheitssuche des einen nicht gegen die des andern auszuspielen: *Hr. M. hatte bloß die Ahnung der Wahrheit; wie Hr. J. und du und ich und alle Menschen haben, sie mögen es gestehen wollen oder nicht, oder mögen sein, wer sie wollen, Philosophen und Nichtphilosophen, Vernunftpriester und Gottesleugner, Schwärmer und Demonstranten, Bürger und Bauern. Diese Ahndung ist freilich das Zeichen unserer Größe; aber mit ihr sind wir noch nicht groß; doch in der Potenz es zu werden.* Als Freunde sollten *wir einfältiglich den einen Weg hingehen,* schlägt er vor, gemeint ist vermutlich der Weg des Glaubens. *Auf diesem Weg wird wohl Platz für uns beide sein; und auch für Lessing.* Und dann die schöne Schlussbemerkung: *Und ich habe Lessing auch gekannt. Ich will nicht sagen, daß er mein Freund gewesen sei; aber ich war der seine. Und ob ich gleich sein Credo nicht annehmen kann; so halte ich doch seinen Kopf hoch. Hrn. Mendel-*

sohns Bekanntschaft ist mir nicht beschieden gewesen. Aber ich habe ihn als einen hellen forschenden Mann mit vielen andern geachtet; und als Juden habe ich, wie man sagt, ein tendre für ihn, um seiner großen Väter und um meiner Religion willen. Der eine liegt zu Braunschweig im Grabe, und der andere zu Berlin – – Molliter ossa cubent (mögen ihre Gebeine sanft ruhen). Dieser Text zeigt Claudius' versöhnlichen Geist, den er auch in weiteren Religionsstreitigkeiten bewahrte, von denen noch die Rede sein wird. Und er zeigt, dass er, anders als viele seiner Zeitgenossen, keine vorurteilsbehaftete antijüdische Haltung hatte.

Nochmal zu Claudius' finanzieller Situation. Mit Zuwendungen reicher Gönner hat er sich über Wasser halten können, doch die Einkünfte waren unsicher, hatten immer etwas von Gnadenakten. Auch von Freunden, besonders von Herder, musste er immer wieder deutlich Unterstützung einfordern. Viele der Briefe an Freunde handeln von Gelddingen. Peinlich und doch notwendig. Ließe sich nicht mit königlicher Hilfe daran etwas ändern? So schrieb Claudius am 19. Oktober 1787 einen Bittbrief an den Kronprinzen (und Mitregenten) von Dänemark: *Durchlauchtigster Gnädiger Prinz, ich habe mich bisher von meiner Hände Arbeit genährt und mich dabei nicht übel befunden; aber acht Kinder, die doch halbwegs erzogen und unterrichtet sein wollen, fangen an mir meine Zeit zu nehmen und mir meine itzige Lebensart beschwerlich zu machen.* Er verweist darauf, dass der Kronprinz ihn ungebeten aufgefordert habe, sich in Nöten an ihn zu wenden: *Ich bitte nicht um eine sehr einträgliche Stelle, sondern nur um eine, die mich nährt.* Und dann fährt er in der unbefangen-direkten Claudius-Art, sich selbst herabsetzend, doch seine Würde und Unabhängigkeit auch in einem Bittgesuch wahrend, fort: *Wenn es mir auch erlaubt sein würde, so wüßte ich nicht zu sagen, wozu ich eigentlich geschickt bin, und ich muß Ew. königliche Hoheit untertänig bitten, daß Sie gnädigst geru-*

hen, ein Machtwort zu sprechen und zu befehlen, worin ich geschickt sein soll. Der Kronprinz geruhte und ließ ihm die Stelle als erster Revisor der königlichen Speziesbank in Altona zuweisen, mit 800 Talern Gehalt im Jahr. Das sorgte für eine solide Grundlage der Claudius'schen Finanzen in den nächsten zwei Jahrzehnten. Claudius versah sein vierteljährlich auszuübendes Amt nach einer Einweisung ins Bankgeschäft ernsthaft, machte auch mal 1799 auf Missstände des königlich-dänischen Finanzwesens aufmerksam. Sicher war damit Claudius' Abhängigkeit vom Königshaus festgeschrieben; aber das geschah nicht gegen den Willen des Wandsbeker Boten, der ein gutes Königtum gemäß der lutherischen Obrigkeitsschrift als direkte Stellvertretung Gottes auf Erden verstand.

Claudius' Verhältnis zur holsteinischen Adelsgesellschaft war unproblematisch. Unterdrücker und Ausbeuter in ihnen zu sehen, lag ihm fern. Mehr noch, er hatte gute Beziehungen zu den in Holstein maßgeblichen Familien der Reventlows, Schimmelmanns und Stolbergs. Seine Pension verdankte sich auch ihrer Fürsprache. Diese aber war ihrerseits eine Folge der literarischen Wirksamkeit des Wandsbeker Boten – die Adligen liebten ihren Asmus und sie schätzten auch den freundlichen und kultivierten Claudius als Person. Wo heute während des Schleswig-Holstein-Musikfestivals die Musikfeste auf dem Lande stattfinden, etwa auf dem Gut Emkendorf der Reventlows, dort traf sich der holsteinische Adel und dort war Claudius häufig zu Gast. Die Frau des Grafen Reventlow, Julie, eine geborene Schimmelmann, fromm, kunstsinnig und oft kränkelnd, hielt hier einen religiös-literarischen Salon, in dem die Standesgrenzen weitgehend aufgehoben waren. Claudius hat sich den adligen Wohltätern gegenüber durch Gelegenheitsgedichte erkenntlich gezeigt (etwa: *Als der Sohn unsres Kronprinzen gleich nach der Geburt gestorben war*), käuflich war er jedoch nicht.

Claudius als Gegner der Französischen Revolution und Kritiker der Menschenrechte

An dieser Stelle ist von Claudius' politischen Einstellungen zu reden. Die Französische Revolution von 1789 mit ihrem Angriff auf Königtum, Kirche und Adel und der Etablierung des dritten Standes zur Nationalversammlung hatte in Deutschland Begeisterung ausgelöst. Es gab viele intellektuelle Befürworter wie Kant („ein solches Ereignis vergißt sich nicht so leicht"), Klopstock (er begrüßte den Aufgang der „neuen, lebenden, selbst nicht geträumten Sonne") und Schiller („ein Fall, wo man nicht neutral bleiben kann"). Aber es gab auch einige prominente Revolutionsgegner, zu denen Goethe zählte – er nannte sie als erklärter Gegner politischer Unordnung das „schrecklichste Ereignis". Am Jahrestag des Bastillesturms 1790 beging man in Hamburg ein glänzendes Fest, bei dem Klopstock Freiheitsoden vortrug. Doch Claudius sah das von Wandsbek aus mit Missbilligung. Als überzeugter Vertreter der ständischen Ordnung, man lese nur *Paul Erdmanns Fest*, lehnte er die Revolution von Anfang an ab. So blieb ihm die Enttäuschung, die die Radikalisierung der Revolution mit dem blutigen Terror von 1793/94 bei Schriftstellern wie Schiller auslöste, erspart. Von Claudius sind nur wenige direkte Stellungnahmen aus der Zeit nach 1789 überliefert, obwohl er die Ereignisse aufmerksam verfolgte und begierig die Zeitung mit den neuesten Nachrichten aus Hamburg erwartete. Eine Bemerkung in der Subskriptionsanzeige der *Sämtlichen Werke 5. Teil* ist als Kommentar zu den Ereignissen in Frankreich zu lesen. Den Anspruch der Aufklärung, dass jetzt *heller lichter Tag* sei, höre er wohl, er glaube allerdings, *daß h e l l und g u t zweierlei sind, daß die Wurzel v o r der Frucht sein müsse, und daß es besser sei, im Dunklen Gutes tun, als bei Tage Böses.*
    Eine Reaktion auf die Septembermassaker von 1792, die mit der öffentlichen Schändung der ermordeten

Prinzessin von Lamballe vielerorts Entsetzen in Deutschland hervorriefen, findet sich nicht. Doch auf die Hinrichtung des französischen Königs Ludwig XVI. im Januar 1793 und die Hinrichtungen der gemäßigten Revolutionäre durch Robespierre bezieht sich die *KLAGE* (aus dem Jahr 1793, allerdings erst in *Sämtliche Werke 8. Teil* von 1811 veröffentlicht):

Sie dünkten sich die Herren aller Herrn,
Zertraten alle Ordnung, Sitt und Weise,
Und gingen übermütig neue Gleise
Von aller wahren Weisheit fern,
Und trieben ohne Glück und Stern
Im Dunkeln hin, nach ihres Herzens Gelüste,
Und machten elend nah und fern.
Sie mordeten den König, ihren Herrn,
Sie morden sich einander, morden gern,
Und tanzen um das Blutgerüste.

Worauf der Chor ruft: *Erbarm dich ihrer!* In dem Tanz um das Blutgerüst zittert die Erfahrung der vom Volk, besonders von Frauen, beklatschten Guillotinierungen nach (wie bei Schiller in dem Satz: „Da werden Weiber zu Hyänen"). In der zweiten längeren Strophe geht Claudius auf die Abschaffung Gottes durch die Revolutionäre ein. Die Folge:

Und sind nun auch dahingegeben
Zu leben ohne ihn.
Der Keim des Lichtes und der Liebe,
Den Gott in unsre Brust gelegt,
Der seines Wesens Stempel trägt,
Und sich in allen Menschen regt,
Und der, wenn man ihn hegt und pflegt,
Zu unserm Glücke freier schlägt.

Dieser Gotteskeim *ist in ihnen stumm und tot.* Stattdessen *beten sie Unsinn an und stellen Greuel auf Altäre.* Dass die

Radikalisierung der Französischen Revolution auch eine Folge der Kriegsdrohungen der europäischen Mächte war, übergeht Claudius ganz. Nachdem er so seinem Entsetzen über den Terror der Revolution Ausdruck gegeben hat (und doch für die Revolutionäre um Erbarmen bittet), kann er sich 1794 mehr analytisch zur Französischen Revolution äußern.

Er tut das in der Schrift *Auch ein Beytrag über die neue Politick*, in der er sich mit der berühmten Erklärung der Menschenrechte vom 2. Oktober 1789 auseinandersetzt. Er beschreibt so objektiv wie es ihm als erklärtem Verteidiger der Obrigkeit möglich ist, den Gegensatz von altem und neuem System, lässt dabei aber schon ein wenig ironische Töne einfließen: *Die Staatsbürger tun alles selbst; die Schafe weiden auf der grünen Aue sich selbst, die Kinder wachsen und hüten ihrer selbst; das Volk schwebt selbst über sich selbst: mit einem Wort: jedweder einzelne ist im Genuß seiner Rechte, und soll, als Staatsbürger selbst denken und wollen.* (Das geht auch gegen Kants Definition der Aufklärung als „Ausgang des Menschen aus seiner selbst verschuldeten Unmündigkeit".) Dann macht Claudius einige vorläufige Bedenken geltend: Bislang bedurften die Menschen, um regiert zu werden, Gottes und eines Regenten. Und jetzt auf einmal kann der Mensch alles selbst tun und ausrichten. Wie das? Durch die plötzliche Entdeckung der Menschenrechte. Aber Rechte sind doch nur Rechte und keine Kräfte, wendet er ein. Und gab es diese Rechte nicht schon immer seit Anfang der Welt?! Und keiner der großen und weisen Männer wäre darauf gekommen?! Er zitiert ausführlich die Erklärung der Menschenrechte, analysiert ihre Widersprüche untereinander, weist auf die Neigung des Menschen zum Bösen hin, der stiehlt und mordet, gegen alle Zehn Gebote verstößt, obwohl er den Galgen und das Rad am Weg sieht. Dann fragt er rhetorisch: *Verstehst du es besser als der liebe Gott? Er konnte mit Geboten nicht zum Ziel kommen und wählte deshalb einen andern Weg.* Es habe viel Kraft gekostet, *diese*

Bändigungsfalten der bürgerlichen Gesellschaft zu legen, um die *natürliche Unbändigkeit* des Menschen im Zaum zu halten, und dies auch gegen möglicherweise berechtigten *Bürger- und Bauerntumult* in der Geschichte zu tun. Und das ging nicht ohne Furcht vor den Göttern, nicht ohne Religion. *Bändigungsfalten* – eine kluger Gedanke, der gewissermaßen schon Norbert Elias' „Prozeß der Zivilisation" andeutet. Wer die Menschenrechte predigt, so Claudius weiter, *der rüttelt an jenen wohltätigen, so weislich und mühsam geknüpften und unentbehrlichen Banden, der gräbt den Eigendünkel und Selbstwillen wieder aus, der verstört die schönen Gefühle von Liebe, Glauben und Vertrauen* und nimmt dem Menschen den *letzten Trost*, wenn er ungerecht behandelt wird, nämlich die Hoffnung auf den wiedergutmachenden Gott. Und dann die Behauptung: *Recht muß Recht sein und bleiben. Ich streite nicht wider, sondern für das Volk (…) Die Könige und Regenten sind dem Menschen zum Guten gegeben und nicht zum Bösen.* Deswegen ermahnt Claudius sie: *Euer Stuhl steht in der Welt von Gottes wegen. Und wer darauf sitzt, soll groß und unüberwindlich sein, aber mit und durch Recht und Wahrheit.* Claudius setzt in dieser Abhandlung (sie wirkt wie eine Neuformulierung von Luthers „Freiheit eines Christenmenschen") seinen religiösen gegen den politischen Freiheitsbegriff. Die Sinne und Leidenschaften sind die *Ketten, die uns arme Menschen fesseln.* Wer durch Gottes Erbarmen die Ketten abgeworfen hat, *der ist wahrhaftiglich ein freier Mann. – Er ist von dem Freiheitler himmelweit und wesentlich verschieden*, denn er ist innerlich anders gestellt, er tut freiwillig mehr als die Gesetze fordern. Zur Illustration zitiert Claudius Jesu Forderungen des Gewaltverzichts und der Feindesliebe aus der Bergpredigt. Daran soll der von Gott eingesetzte gute Herrscher sich orientieren; der Untertan, auch wenn er sich zu solcher Haltung imstande fühlt, soll Untertan bleiben.

Deutlich wird an dieser Schrift: Claudius lehnt die Volkssouveränität ebenso ab wie die Aufhebung der ständischen Ordnung und die Gleichheit jedes Einzelnen vor dem Gesetz. Er will und kann nicht sehen, dass die Menschenrechte eben nicht gegeben sind, sondern gegen den Widerstand einer theologisch begründeten, pessimistischen Anthropologie errungen werden mussten. Es waren, nebenbei bemerkt, die nach Neuengland ausgewanderten Dissenter, also die christlichen Gruppierungen, die sich in England von der Staatskirche lossagten, die die Menschenrechte dort religiös mit der Glaubensfreiheit begründeten und erkämpften, so besonders Roger Williams in Rhode Island. Die amerikanische Unabhängigkeitserklärung hat die Menschenrechte unter Bezug auf Gott dann 1776 feierlich verkündet. Kannte Claudius diese nicht oder wollte er sie als obrigkeitstreuer Lutheraner nicht kennen? Diese von einem bewussten Christen vollzogene Abwertung der westlichen Tradition der Menschen- und Freiheitsrechte sollte für die Haltung der evangelischen Kirchen Deutschlands im 19. Jahrhundert leider typisch werden.

Ihre praktische Anwendung findet Claudius' konservative Kritik der Menschenrechte in dem Streit mit dem Kammerherrn Hennings, Amtmann von Plön, Aufklärer, Publizist und Gegner des Feudaladels. Dabei ging es um das Recht der Meinungsfreiheit. Diese war auch in dem in Pressedingen liberalen Dänemark gefährdet. Das von Hennings herausgegebene und in Altona erscheinende „Schleswigsche Journal" war auf Druck des Adels hin eingestellt worden. Hennings kündigte darauf das Erscheinen einer neuen Zeitschrift an, die er „Genius der Zeit" nannte. Das wiederum rief Claudius auf den Plan – er argumentierte gegen Hennings, *Obrigkeit sei von Gott verordnet, und wer ihr widerstrebt, der widerstrebe Gottes Ordnung, das öffentliche Weisheitspflegen über die Obrigkeit bringe kein Heil*. Und dann kündigt er selber eine Wochenzeitschrift an. Zwar tauge er nicht zum Herausgeber, aber, so prophezeit er, es wird *an Biedermännern nicht fehlen, die dazu taugen, und demnächst den Kanal beschiffen werden, wenn er nur eröff-*

Der Gedenkstein wurde in Wandsbek anlässlich des 100. Geburtstags von Matthias Claudius aufgestellt.

net ist. Die angekündigte Zeitschrift ist zwar nicht erschienen, aber die konservative Drohgebärde des Wandsbeker Boten war deutlich.

Ein Jahr später griff er in einen Streit um die rationalistische Theologie ein, der besonders im Kirchenkreis Kaltenkirchen für Aufregung sorgte und forderte in der Hamburgischen Neuen Zeitung in *Eine Fabel* die Wiedereinführung der Zensur in Gestalt eines *Brummelbären*. Der Herrscher der Tiere, der Löwe, der vorher *Preßfreiheit* gewährt hatte, stimmt zu: *Sie waren es nicht wert, die Sudler klein und groß; Macht doch den Bären wieder los.* Freund Voß, mit dem Claudius sich inzwischen nicht mehr so gut verstand, antwortet mit einer Gegenfabel „Der Kauz und der Adler", in welcher Claudius als Kauz verspottet wird, dessen Gekrächz der Adler souverän übergeht – ein Text, der sogar von Kant lobend erwähnt wurde.

Was ist der produktive Ansatz dieses Einspruchs gegen die Revolution? Claudius zielt auf die Veränderung der Person durch den Glauben ab, von dort müssen gesellschaftliche Reformen ihren Ausgang nehmen; Vertrauen und Liebe müssen wachsen und die mit ihnen verbundenen *Grazien gesellschaftlichen Lebens*. Interessant ist ein Vergleich von Claudius' Einrede mit Schillers Reaktion auf den französischen Revolutionsterror: Schiller antwortet auf den „Despotismus der Freiheit" (Büchner) Robespierres ungefähr zur gleichen Zeit mit seinen Briefen „Über die ästhetische Erziehung des Menschen" (1795). Gegen den Tugend-Terror der Revolution setzt er die Maxime, „Freiheit zu geben durch Freiheit". Hat Claudius dies gelesen? Schiller formuliert idealistisch-ästhetisch, was Claudius christlich-empfindsam anstrebt. Leider gehört Claudius' Verteidigung der alten Ordnung dann mit in die Geschichte der überzogenen Revolutionsfurcht und Ablehnung der Demokratie in Kirche und Gesellschaft, die sich im 19. Jahrhundert für die deutsche Geschichte so nachteilig auswirken sollte und erst 1919 mit der Verabschiedung der Weimarer Verfassung zu einem Ende kam.

Claudius betreibt eine sakrale Überhöhung des Königs, er solle als *heiliger Künstler (...) Gott konterfeien, und die Menschen nach IHM hungrig und durstig machen.* Das hat etwas von Frühmittelalter an sich, als die Könige über die Felder getragen wurden, um sie zu segnen. Wenn man das nicht als monarchische Marotte des Wandsbeker Boten abtun will (und dafür spricht einiges), so kann man es als Utopie vom guten Königtum zu einer Zeit lesen, als eben dieses anachronistisch zu werden begann.

In dem Lied *Urians Nachricht von der neuen Aufklärung oder Urian und die Dänen* lieferte Claudius noch einmal eine Verspottung der Aufklärung nach, indem er ihre angeblichen Errungenschaften – Menschenrechte, Gleichheit, Freiheit, Vernunft und eine selbst gemachte Religion – als bequeme Rechtfertigung des

Herrschaftsanspruchs von Jedermann karikiert. Zum Schluss kommt Herr Urian auf die Monarchie zu sprechen. Die Dänen (also auch die Dänen deutscher Nation in Holstein) singen:

> *Uns ist und bleibt der Szepter viel!*
> *Euch lassen wir den – andern Stiel.*
> *Wir fürchten Gott, wie Petrus schreibet,*
> *Und ehren unsern König hoch.*
> *Was Wahrheit ist, und Wahrheit bleibet*
> *Im Leben und im Tode noch;*
> *Das ist uns heilig, ist uns hehr!*
> *Ihr Fasler, faselt morgen mehr.*

Zur „politischen Theologie" (C. Schmitt) der Gegenaufklärung und konservativen Restauration der Heiligen Allianz von 1815 hat auch der Wandsbeker Bote mit seiner religiösen Überhöhung der Monarchie unbeabsichtigt beigetragen. Man könnte sagen, diese Tradition reicht hin bis zur quasireligiösen Begründung des Führerstaats, die nach dem nationalen Aufbruch von 1933 erst langsam von der Kirche als Irrweg erkannt wurde. Es mutet wie eine ironische Wendung an, dass 140 Jahre nach Claudius' *KLAGE* die Barmer Bekenntnissynode über die fünfte These ihrer „Theologischen Erklärung" von 1934, in der es darum ging, die legitime Rolle des Staates zu beschreiben und seinen Totalitätsanspruch in Gestalt des Führerstaats zu begrenzen, eben diese von Claudius zitierte Stelle aus dem ersten Petrusbrief gesetzt hat: „Fürchtet Gott, ehret den König."

's ist leider Krieg –
Claudius' Einspruch gegen den Krieg

Claudius lebte in kriegerischen Zeiten – zu Beginn des Siebenjährigen Krieges war er 18 Jahre alt. Die Kriege im Gefolge der französischen Revolution und die Kriege Napoleons überschatteten seine zweite Lebenshälfte. In seinem Todesjahr 1815 endeten die Befreiungskriege. Claudius hat die kriegerische Signatur seiner Zeit nicht verleugnet, verniedlicht oder ironisiert (wie etwa Goethe im Faust I). Er hat sie auch nicht durch heroisch-patriotische Lieder (wie sie Gleim und Kleist produzierten) überhöht. Er hat sich dem Grauen des Kriegs gestellt. Sein 1779, anlässlich des Bayrischen Erbfolgekriegs, veröffentlichtes *Kriegslied* enthält eine deutliche Kritik an Sieg und Ruhm, die nichts sind angesichts der vom Krieg angerichteten Gräuel. Unvergesslich die Auftaktzeilen:

's ist Krieg! 's ist Krieg! O Gottes Engel wehre,
Und rede du darein.
's ist leider Krieg – und ich begehre
Nicht schuld daran zu sein.

Zum ersten Mal wird hier das Verhältnis des Einzelnen zum Krieg ausdrücklich thematisiert. Jeder, der den Krieg fürchtet, kann einerseits nur die göttliche Macht zur Intervention auffordern, andererseits für sich allenfalls Schuldfreiheit reklamieren. Beides hängt aber zusammen – der Engel Gottes ist der Statthalter des noch ohnmächtigen Einzelnen. Großartig, wie Claudius diese Spannung gestaltet – das sprechende Ich wird heimgesucht von einem Gewissenstraum, in dem die *Geister der Erschlagnen* zu ihm kommen und vor ihm klagen, die Verstümmelten ihm fluchen, die Angehörigen der Getöteten eine Wehklage anstimmen:

Was sollt ich machen, wenn im Schlaf mit Grämen
Und blutig, bleich und blaß,
Die Geister der Erschlagnen zu mir kämen,
Und vor mir weinten, was?

Wenn wackre Männer, die sich Ehre suchten,
Verstümmelt und halb tot
Im Staub sich vor mir wälzten, und mir fluchten
in ihrer Todesnot?

Wenn tausend Väter, Mütter, Bräute,
So glücklich vor dem Krieg,
Nun alle elend, alle arme Leute,
Wehklagten über mich?

Der Dichter stellt sich die Schrecken des Krieges so vor,
wie diejenigen sie eigentlich sehen müssten, die für sie
Verantwortung tragen. Er sieht die verwundeten und
sterbenden Krieger, sieht die um sie Trauer Tragenden.
Nicht die anderen machen den Krieg, nein, ich bin
auch mit meinem fehlenden Einspruch am Kriegsge-
schehen beteiligt. Dieser Gewissenstraum (der sein
Vorbild bei Shakespeares Richard III. hat) ist ausgemalt
wie eine Anklage im Jüngsten Gericht, bei dem sich
auch die Könige und Generäle für ihre Untaten und
Kriegsgräuel verantworten müssen. Heute versucht der
Internationale Haager Gerichtshof ansatzweise, diese
Anklage irdisch-zeitlich umzusetzen, indem er die
Kriegsverbrecher der Gegenwartskriege vor sein Tribu-
nal zitiert. Der Angsttraum, den das lyrische Ich des
Dichters hat, redet ihnen, den für die Leiden der Opfer
Empfindungslosen, ins Gewissen, indem er sie indirekt
über die Infragestellung der Kriegsziele anspricht.

Was hülf mir Kron und Land und Gold und Ehre?
Die könnten mich nicht freun!
's ist leider Krieg – und ich begehre
Nicht schuld daran zu sein!

Ob der Einzelne, der begehrt nicht schuld am Krieg zu
sein, diese Schuldfreiheit zugesprochen bekommt,
bleibt offen. So redet das *Kriegslied* den Nachgeborenen,
auch uns Heutigen, ins Gewissen, es bleibt aktuell. Ich

habe es 1981, zur Hochzeit des Protests gegen die Nach-
rüstung, aktualisiert:

> *Krieg droht, Krieg droht! O mein Gewissen wehre*
> *Und rede du darein!*
> *Krieg droht der Welt, – und ich begehre*
> *Dagegen auf mit Schrei'n.*

Der Bayerische Erbfolgekrieg verlief glimpflich ohne
größere Schlachten. Schon am 13. Mai 1779 kam es
auf Initiative der Kaiserin Maria Theresia zum Frieden
von Teschen. Claudius lobte diesen Frieden in 14 etwas
hölzernen Balladenstrophen, in denen er die wieder-
hergestellte Eintracht zwischen Friedrich dem Großen
und Maria Theresia dem Gefühl der *Menschenvater-*
Würde und der Verantwortung für das Leben ihrer
Untertanen zuschreibt. Es dominiert letztlich das Herr-
scherlob des von Gott eingesetzten guten Fürsten.
Ganz anders das kurze Gedicht *Auf den Tod der Kaiserin*,
das Claudius, als Maria Theresia am 29. November
1780 starb, als poetischen Nachruf in die Hamburgische
Neue Zeitung setzte:

> *Sie machte Frieden, das ist mein Gedicht*
> *War ihres Volkes Lust und Segen.*
> *Und ging getrost und voller Zuversicht*
> *Dem Tod als ihrem Freund entgegen.*
> *Ein Welterobrer kann das nicht.*
> *Sie machte Frieden! Das ist mein Gedicht.*

Frieden machen ehrt den Fürsten, das drückt auch ein
längeres Lied *Krieg und Friede* mit Vorsänger und Tutti
aus. Darin heißt es an die Adresse des Fürsten: *Nicht zu*
Felde gehn und kriegen./ Menschenblut/ Ist doch viel zu gut.
Hier klingt noch die biblisch-jüdische Auffassung nach,
dass Menschenblut der Sitz der Seele sei. Aber gegen
einen Eroberer, der das eigene Land angreift, postuliert
Claudius dann doch die Ausnahme der kriegerischen

Selbstverteidigung. Wenn *jemand trotzt und droht/ Herd und Altar zu zerstören;/ – Not hat kein Gebot –/ Denn zu kriegen und zu siegen,/ Und zu schlagen, bis sie liegen!/ Saget an!/ Saget an!/ Alle: Das ist Recht, und ist Vergnügen./ Menschenblut/ Ist denn nicht zu gut.* Das sind eher peinliche Sätze.

Also – Claudius war nur ein relativer Pazifist. Und wie *man mit Ehren fechten kann* und soll, das hat er witzig und keck in *Die Geschichte von Goliath und David in Reime bracht* gezeigt. Als der Riese *mit dem entsetzlich großen Maul und dem kleinen Hirn* Israel verhöhnt, *da kam in seinem Schäferrock/ Ein Jüngling zart und fein;/ Er hatte nichts als seinen Stock/ Als Schleuder und den Stein,/ Und sprach: Du hast viel Stolz und Wehr,/ Ich komm im Namen Gottes her.* Mit der berühmten Schleuder trifft David Goliath auf der Stirn, so dass er umfällt und David ihm *in guter Ruh* den Kopf abhauen kann. Und das Fazit hört sich so an: *Trau nicht auf deinen Tressenhut,/ Noch auf den Klunker dran! Ein großes Maul es auch nicht tut:/ Das lern vom langen Mann;/ Und von dem kleinen lerne wohl:/ Wie man in Ehren fechten soll.*

Später hat Claudius dann als alter Mann während der Besetzung Hamburgs durch die napoleonischen Truppen den Krieg aus der Nähe erlebt und musste vor ihm fliehen. In dem Lied *Auf des Königs Geburtstag den 28. Januar 1812* spricht er die dänische Neutralität, die allerdings von den Kriegsparteien nicht respektiert wurde, lobend im Refrain des Chores an: *Wer Krieg führt, den er nicht gewollt,/ Dem Mann sind Gott und Menschen hold.* Das Lied schließt in der Strophe und im Chor mit dem zweimaligen: *Im Krieg ist nimmer kein Stern noch Glück/ O Friede, Friede, komm zurück.* Den zurückgekehrten Vaterlandskämpfern, darunter auch einem seiner Söhne, ruft er zu: *Wohlauf Kameraden, vom Pferd, vom Pferd!/ Die Rüstung ausgezogen./ In seinem Hause, an seinem Herd/ Bedarf es nicht Pfeil noch Bogen.*

Der Krieg, so Claudius, *ist nur gut im Fall der Not, um die Freiheit zu verteidigen und den Frevel zu besiegen.* Als ultima ratio also, wie sie die alte Lehre vom gerechten Krieg im Luthertum verkündete. Danach aber kehre jeder in seinen Stand zurück und widme sich den Aufgaben des täglichen Lebens. Der allen Menschen freundlich gesinnte und gegenüber Fremden tolerante Wandsbeker Bote war friedfertig – im Leben wie im Dichten und Schreiben, auch wenn er sich gelegentlich polemisch äußerte. Seine Leidenssensibilität könnte heute noch ein Vorbild für eine christliche Friedensethik sein, die ja von der Einfühlung in die Opfer ausgeht. Margot Käßmanns viel gescholtener Satz „Nichts ist gut in Afghanistan" in ihrer Predigt in der Dresdener Frauenkirche Neujahr 2011 hätte deswegen wohl Claudius' Zustimmung gefunden (trotz der damit verbundenen Kritik an der Obrigkeit, sprich dem den Afghanistan-Einsatz beschließenden Parlament).

Wir haben Einen Herrn Jesus Christus –
gelebte Toleranz eines lutherischen Christen

Das Ende der 80er Jahre brachte auch privat einschneidende Ereignisse. 1788 starb zum großen Kummer der Eltern der zweijährige Sohn Matthias. Im gleichen Jahr verstarb der Königsberger Freund Hamann, der nach seiner Pensionierung nach Münster gezogen war, um dem Kreis um die katholische Fürstin Gallitzin nahe zu sein. Wie hat Claudius das empfunden, wenn Freunde sich dem Katholizismus annäherten? Matthias Claudius, Spross eines alten lutherischen Pastorengeschlechts, war kein konfessionell engstirniger Christ wie etwa der Hamburger Hauptpastor Goeze. Im Gegenteil, je älter er wurde, umso ökumenischer wurden seine Kontakte. Das war in der damaligen Zeit geschlossener konfessioneller Länder erstaunlich. Es hing auch damit zusammen, dass der Gegensatz zwischen den pantheistisch, griechisch-klassizistisch eingestellten Kreisen (repräsentiert durch Goethe, Schiller und Wilhelm von Humboldt) und denjenigen, die sich weiter zu einem christlichen Offenbarungsglauben bekannten wie Claudius, Jacobi, Lavater und Hamann größer wurde. Der durch seine physiognomischen Studien bekannte Zürcher Prediger Johann Caspar Lavater besuchte Claudius 1793 auf der Rückreise von Kopenhagen. Ein schönes Beispiel für diesen ökumenischen Austausch war der Kontakt mit der katholischen Fürstin Amalie von Gallitzin, die Claudius im Jahr 1791 zum ersten Mal in Wandsbek inkognito und unangemeldet besucht hatte. Die Fürstin, Tochter eines preußischen Feldmarschalls, hatte ein bewegtes Leben hinter sich. Sie hatte nach einer katholischen Jugend den russischen Fürsten Gallitzin geheiratet, ihn aber nach der Geburt zweier Kinder, des Hoflebens überdrüssig, verlassen und sich im Hochstift Münster niedergelassen, beeindruckt von dem aufgeklärten Schulwesen des dortigen Ministers Franz Wilhelm von Fürstenberg. Auf der Suche nach einer geistlichen Vaterfigur war sie zu Fuß nach Wandsbek gepilgert, stellte sich als „Schulmeisterin in Westfalen" vor und blieb vier Wochen dort. Bei Claudius fand sie das „wahre Christentum und Gott lebendiger wirksam" als irgendwo sonst. Man tauschte sich über die Mystiker aus. In einem Brief vom 12. Februar 1792 bedankt sich Claudius für einen Text von Augustinus und den Hinweis auf Katharina von Siena. Er seinerseits nennt ihr einige vorzügliche Schriften, die er bei einem guten Freund gefunden hatte, darunter Johannes vom Kreuz, den „Cherubinischen Wandersmann" von Angelus Silesius und „Reich Gottes in der Seele" von P. Johannes Evangelista.

Dann trat der Freund Graf Fritz Stolberg zum Katholizismus über, ein Schritt, der in den intellektuellen Zirkeln damals großes Aufsehen und Unverständnis hervorrief. Claudius aber kündigte dem Jugendfreund die Freundschaft nicht auf, sondern betonte die gemeinsame Grundlage: *Nun, wir haben Einen Herrn Jesus Christus und wollen uns gegenseitig auffordern, wer ihn von uns Beiden am meisten lieben wird.* (In Lessings Ringparabel fragt bekanntlich der weise Richter die drei Brüder: wer von euch liebt die anderen am meisten?) Gespiegelt wird diese tolerante Haltung in den Briefen, die Rebecca Claudius zur gleichen Zeit an eine Hamburger Freundin schrieb, die zum Katholizismus übergetreten war, dann aber zum lutherischen Glauben zurückkehrte: „Ich wünsche dir von ganzem Herzen, daß der liebe Gott dir alles geben, was du suchest und wünschest." Um dann hinzufügen: „Ich liebe und ehre von ganzem Herzen alle fromme Katholiken, bin aber fest davon überzeugt, daß ich nicht katholisch zu sein brauche, denn wir schöpfen doch aus einer Quelle." Claudius bemerkt in seinem Postskript: *Alles was Frau Rebecca gesagt hat, gilt für mich mit. Ich weiß nichts andres zu sagen und kaum so was gutes.* Eine Haltung der Toleranz, die auf Anerkennung hinausläuft und die 200 Jahre später in Deutschland zwar zwischen den beiden großen Konfessionen akzeptiert ist, nicht aber im Verhältnis von Christentum und Islam (wie zuvor nicht in dem zwischen Christentum und Judentum). Ähnlich argumentiert Claudius in dem Briefwechsel mit Stolbergs Schwester Gräfin Katharina Stolberg, die überlegte, um den Kontakt zu Stolbergs Kindern nicht zu verlieren, ebenfalls zu konvertieren. Er rät ihr, es nicht zu tun, wenn ihr einiges am Katholizismus inakzeptabel erscheint. Aber *wenn Sie meinen, daß die Katholiken manche Dinge haben, wer wehrt Ihnen, diese Dinge, wenn Sie davon überzeugt sind, als Protestantin anzunehmen.* Eine Praxis, die heute üblich ist, wenn zum Beispiel in evangelischen Gottesdiensten katholische Rituale (etwa der Friedensgruß beim Abendmahl) benutzt werden. Claudius war nicht in Versuchung katholisch zu werden, daran hinderte ihn allein schon seine Wertschätzung des Laienamtes, das er selber kräftig praktizierte. Trotzdem sah er sich dem Verdacht ausgesetzt, kryptokatholisch zu sein, als er begann, die religiösen Werke des französischen Erzbischofs Fenelon zu übersetzen. Claudius schätzte Fenelon wegen seiner Fähigkeit, Menschen empfänglich zu machen für das Geheimnis des Christentums, sich über diese Welt zu erheben. Insofern, meinte er, habe Fenelon nicht nur für die Christen seiner Konfession geschrieben.

Claudius war an außerchristlichen Religionen interessiert und hing in gewisser Weise bereits der Anschauung von der Offenbarung Gottes auch in den anderen Religionen an. Überall dort, wo in den Religionen der von Paulus im siebten Kapitel des Römerbriefs geschilderte Zwiespalt zwischen Wollen und Vollbringen, zwischen Gefangensein in der Knechtschaft und der Befreiung daraus erkennbar ist, so Claudius, da befinde man sich auf dem Wege zur endgültigen Überwindung dieses Konflikts in der von Christus vollzogenen Erlösung. Diese Spannung hat *die Erde mit Altären und Einsiedlerhütten und Götterhainen, mit Pagoden, Tempeln und Moscheen und Kirchen und Klöstern bedeckt.* Sie ist *das Geheimnis, das Konfuzius und Zenos und Weise aller Zeiten und Völker im Sinn gehabt und gesucht haben.* So wird der christliche Absolutheitsanspruch relativiert, indem den anderen Religionen Teilwahrheiten in einem weltweiten Prozessgeschehen zugesprochen werden. Allerdings bleibt Claudius' Sicht der Religionen christozentrisch, Christus ist so gesehen das Zentrum des ptolemäischen Weltbilds der Religionen. Der Schritt zur kopernikanischen Wende in der Theologie (wie der Religionsphilosoph John Hick es nennt), sprich zur theozentrischen Sicht, nach der alle Planeten (Religionen) um die Sonne (Gott) kreisen und unterschiedliche Ausdrucksweisen der Gotteserkenntnis sind, ist noch nicht vollzogen. Das wäre auch etwas viel verlangt gewesen, obwohl Lessing dieser Möglichkeit mit der Ringparabel in „Nathan der Weise" vorgearbeitet hatte. Allerdings hat Claudius auch ein anderes Bild gebraucht: *Alle wahre Weise und Männer Gottes hän-*

gen seit der Welt Anfang mit Christus zusammen wie die Ströme und Flüsse mit dem Meer. Christus wäre demnach nicht die eine Mitte, sondern eine fluidale Substanz, die auch in den anderen Religionen fließt. Auf der Suche nach Zeugnissen der gemeinsamen Religionserkenntnis druckt Claudius in den *Sämtlichen Werken 6. Teil* ein Stück *Über die Unsterblichkeit der Seele* aus der „Bhagavadgita" ab.

Der Tod Christianes, silberne Hochzeit und Kuraufenthalt in Pyrmont

Die letzten drei Kinder, die Rebecca zur Welt brachte, waren alle Söhne. 1789 wurde Fritz geboren (Taufpate war der Freund Friedrich Heinrich Jacobi), 1792 erblickte Ernst das Licht der Welt und am 30. Dezember 1794 der letzte Sohn Franz. Dann aber stirbt 1796 die vom Vater besonders geliebte Tochter Christiane zwanzigjährig an einem Nervenfieber. Dieses schmerzliche Ereignis öffnet noch einmal die poetische Ader des Wandsbeker Boten. Er schreibt eines seiner schönsten Gedichte, *Christiane*, das so beginnt:

> *Es stand ein Sternlein am Himmel,*
> *Ein Sternlein guter Art;*
> *Das tät so lieblich scheinen,*
> *So lieblich und so zart!*
>
> *Ich wußte seine Stelle*
> *Am Himmel, wo es stand;*
> *Trat abends vor die Schwelle*
> *Und suchte, bis ich's fand!*
>
> *Und blieb denn lange stehen,*
> *Hatt' große Freud' in mir,*
> *Das Sternlein anzusehen,*
> *Und dankte Gott dafür.*

Das Sternlein ist verschwunden;
Ich suche hin und her
Wo ich es sonst gefunden,
Und find es nun nicht mehr.

Eine Familienüberlieferung berichtet, dass dieses Gedicht entstand, als die Familie nach alter Gewohnheit des Abends auf der Treppe vor dem Haus saß und auf den Aufgang des Abendsterns wartete. Auch ohne dieses Wissen ist die zarte Verbindung von Namensnennung und Sternsymbolik, die Klage um den unabwendbaren Verlust, für den es keinen Trost gibt und der doch im gelungenen Bild aufscheint – ein Epitaph, das den Namen im Bild des verschwundenen Sterns bewahrt. In einem zweiten Gedicht auf den Tod Christianes *Bei ihrem Grabe* hält Claudius am Schluss die Hoffnung fest: *Alle Mängel abgetan/ Wird sie dann in beßren Kränzen/ Still einhergehn, und fortan/ Unverweslich sein und glänzen.*

Im Jahr darauf feiern Matthias und Rebecca ihre silberne Hochzeit, mit neun Kindern und einigen Freunden, darunter Klopstock und Jacobi. Natürlich hat Claudius seiner Frau ein liebevolles Hochzeitsgedicht gewidmet, ein Liebesbekenntnis nach 25 Jahren, ein Festgedicht der besonderen Art:

Ich habe dich geliebet und ich will dich lieben,
Solang du goldner Engel bist;
In diesem wüsten Lande hier, und drüben
Im Lande, wo es besser ist.

Ich danke dir mein Wohl, mein Glück in diesem Leben,
Ich war wohl klug, daß ich dich fand
Doch fand ich nicht. GOTT hat dich mir gegeben;
So segnet keine andre Hand.

Noch einmal kommt das märchenhafte Eheglück zur Sprache, das Matthias und Rebecca beschieden war. Das gemeinsam ertragene Leid (der Verlust der Kinder) wird nicht verschwiegen, die Erkenntnis wird bemüht, dass *es in dieser Welt nicht lauter gute Tage gibt*, und ein typisch Claudius'sches *wir kommen hier zu leiden her* wird eingestreut. Doch dann zum Schluss: *Heut aber schlag ich aus dem Sinn mir alles Trübe,/ Vergesse allen meinen Schmerz;/ Und drücke fröhlich dich, mit voller Liebe,/ Vor Gottes Antlitz an mein Herz.*

Wieso war diese Verbindung mit dem *Bauernmädchen* bei so unterschiedlicher Intellektualität so glücklich? Das Erotische scheint eine wichtige Rolle gespielt zu haben. Die bei längerer Abwesenheit dringlich geäußerte Sehnsucht nach seiner lieben *Bebelmus* war vor allem auch Sehnsucht nach körperlicher Nähe. *Ich möchte eine halbe Stunde an deinem Hals liegen*, schreibt er ihr auf einer Reise. Und: *Ich habe mich oft von Herzen nach Dir und deinem Kuß gesehnt.* Rebecca war die Frau, die er inständig liebte und begehrte. Anders als bei Goethe und Christiane Vulpius aber war Rebecca nicht nur ein „Betthäsgen", sondern die geachtete Mutter und Zusammenhalterin eines patriarchalischen, von Gott mit vielen Kindern gesegneten Hausstandes. Das Ehe- und Familienleben war für Claudius nicht ein Nebenschauplatz neben der literarischen Existenz, sondern der Stand, in den Gott ihn gestellt hatte und in dem er voller Verantwortung lebte. Bei der Feier zur silbernen Hochzeit war auch der Hamburger Buchhändler Friedrich Christoph Perthes dabei, der sich in die älteste Tochter Caroline verliebt hatte. Im Sommer 1797 gibt der Vater nach einigem Zögern die Tochter dem jungen Mann zur Frau. Caroline zieht nach Hamburg, also in die unmittelbare Nähe Wandsbeks. Das war anders bei Anna, die Max, den dritten Sohn Fritz Jacobis, im Mai 1798 heiratete. Der Schwiegersohn, von Beruf Arzt, ließ sich in Vaels bei Aachen nieder. Claudius setzte alles daran, die Tochter wieder in der Nähe zu haben. Mit Hilfe des befreundeten Arztes Heinrich Matthias Marcard, dem Leibmedicus des Her-

Matthias Claudius im Kreis seiner Familie: Der erste Schnee wird mit Bratäpfeln gefeiert. Der Holzstich nach einer Zeichnung von Eugen Klimsch (1839–1896) stammt aus „Stieler, Lebensbeschreibungen" und befindet sich in der Sammlung des Archivs für Kunst und Geschichte in Berlin.

zogs von Oldenburg, gelingt es ihm, Max eine Stelle als Arzt in dem zu Oldenburg gehörenden Eutin zu verschaffen. Jetzt endlich kann Claudius nach den beiden Kindern von Caroline auch das dritte Enkelkind, Julie, sehen.

Marcard hatte Claudius in Bad Pyrmont kennengelernt, wo er mit Rebecca, die von den letzten Geburten recht angegriffen war, auf ärztliche Empfehlung 1793 zum ersten Mal verweilte. Bad Pyrmont war ein mondänes Bad, wo der Adel, ob aus Preußen, Dänemark, Hannover, Westfalen oder Hessen, kurte, aber auch viele bekannte Schriftsteller und Gelehrte. Diese Badereise konnte sich Claudius aber nur leisten, weil Freunde finanziell aushalfen. So stellte Graf Schimmelmann 1793 die Kutsche zur Verfügung, ein anderes Mal tat dies ein Bruder des Malers Philip Otto Runge, mit dem sich Claudius inzwischen angefreundet hatte. Man nahm relativ kostengünstig Quartier im Haus des Forstrats Nölling, das zentral gelegen war und stets eine illustre Gästeschar beherbergte. Zum Brunnen war es nicht weit, hier konnte der Frühaufsteher Claudius ab 6 Uhr seine Trinkkur beginnen. *Mir gedeiht der Brunnen Gottlob! ziemlich gut.* Natürlich, möchte man sagen, hat Claudius den Kuraufenthalt dichterisch verarbeitet: *In der Allee zu Pyrmont, morgens beim Aufgang der Sonne.* Als die Sonne aufgeht, frohlocken *einige Brunnengäste* und loben den, der sie geschaffen hat, was von dem Chor *Alle* bekräftigt wird: *Und keiner ist wie Er!* Eine Fülle von alttestamentlichen Gottesprädikaten wird bemüht, um Gott den Schöpfer zu preisen. Dann wird in Claudius'scher Einfalt der fürsorglich auf seine Menschen schauende Gott im Himmel beschrieben. Er sieht das Glück seiner Kinder und ihr Elend: *Er sieht auch uns hier, traurig, arm und bleich/ An Stock und Krücken gehen –/ Dort fließt der Brunnen, daß er wieder reich/ Und froh uns mach und schön!* Worauf *Alle* rufen: *Und froh uns mach und schön!*

Wieder einmal gelingt es Claudius, auf seine fromme und gewollt naive Weise Sonnenaufgang, Schöpfungsglauben, göttliche Vorsehung und in diesem Fall auch den Kuraufenthalt miteinander zu verbinden. Man darf allerdings einwenden, dass diese göttliche Führung auch etwas unfreiwillig Komisches hat, wenn man die zum Mineralbrunnen humpelnden Kurgäste mit all diesen hymnischen Prädikaten auf den Lippen sich konkret vorstellt: *O du Barmherziger! Du Gnädiger! Barmherzig für und für! Du Gnädiger! O du Barmherziger! Herr Gott, dich loben wir!*

Besonders zu erwähnen ist der Brief, den der kleine Fritz (oder Ernst) an die in Pyrmont kurenden Eltern und seinen Bruder Hans, der mitgefahren ist, geschrieben hat.

Meine liebe Mama, ich grüße Dich. Mein lieber
Papa, ich grüße Dich. Mein lieber Hans, ich grüße
Dich. Ich grüße Euch, so viel als ich kann.
Mein lieber Papa und Mama, ich danke euch für den
Brief, als ich danken kann.
Nun ist es schlechtes Wetter, und gestern auch;
die zwei Tage gehen immer kalt weg.
Ich bin sehr lustig. Ich denke nicht, daß ich unartig
bin. –
Ich habe dich vieltausendmal lieb, alle drei.
Wenn du wieder nach Hause kommst, denke ich
schon, daß ich einen a auf der Rechentafel machen
kann, und vielleicht auch einen c.
Ich will mich üben auf das Lernen allein. Lieber Hans,
es ist erstaunlich, erstaunlich mit die Fliegen.
Ich weiß gar nicht mehr, wie der Hans aussieht.
Aber meine liebe Mama, ich kann mir noch gut vor-
stellen, daß ich dich leiden mag, und Papa und Hans
auch, wenn sie auch nicht hier sind. Und gar wenn
sie hier sind.
Ich grüße noch einmal. Es ist wohl zuviel, aber ich
muß noch einmal grüßen.
Es regnet.
Ich will eben zu Tische gehen. Wir haben nichts als
gelbe Wurzeln, nichts andres. Das ist ein unmensch-
lich elendiglich Essen; und so geht es meist alle
Mittag.
Das ist das letzte mal, daß ich schreiben kann.
Den 18. August.

Man möchte den bruchstückhaften Stil und besonders
den Satz mit den Fliegen für eine genial lapidare Erfindung des Wandsbeker Boten halten. Doch verständlich
wird dieser Satz, wenn man an die Wandsbeker eher
ländliche Haushaltung mit Kühen und Hühnern denkt.
Und die herbe Kritik an den gelben Wurzeln ist nicht
einfache kindliche „Krüschheit" (wie man in Hamburg
sagt), sondern Ausdruck der immer noch beziehungs-

weise immer wieder beengten finanziellen Situation der Claudius-Familie. Also ist es eher ein originaler Brief des kleinen Fritz. Wahrscheinlich kam er so zustande, dass Fritz den Schwestern diktierte, was er den Eltern und dem Bruder auf seine kindliche Weise mitteilen wollte.

Väterliche Belehrungen – der Brief an den Sohn Johannes und der *einfältige Hausvaterbericht über die Christliche Religion*

1799 trat der älteste Sohn Johannes bei einem befreundeten Kaufmann in Hamburg in die Lehre. Aus diesem Anlass verfasste Claudius den Brief *An meinen Sohn Johannes 1799*. Er ist eine Art moralisches Vermächtnis, wie er es seinerzeit von seinem Vater erhalten hatte. Als Vater, der die Welt länger gesehen hat und sie bald verlassen wird, gibt er dem Sohn guten Rat, eröffnet mit dem Satz: *Es ist nichts groß, was nicht gut ist, und ist nichts wahr, was nicht bestehet.* Er erinnert den Sohn daran, dass der Mensch in dieser Welt nicht zu Hause ist und dass er, was die unsichtbare Welt betrifft, dem Gottes Wort vertrauen soll (das ist gerichtet gegen Kant und dessen Scheidung von Glauben und Wissen): *Bleibe der Religion deiner Väter getreu, und hasse die theologischen Kannengießer.* Claudius wählte das harte Wort, weil er die Aufweichung der christlichen Heilswahrheiten durch Bibelkritik befürchtete, unterschied aber wie Lessing die Nachricht von der Sache, sprich die Bibel vom christlichen Glauben. Große Toleranz atmet der Satz *Verachte keine andere Religion, denn sie ist dem Geist gemeint, und Du weißt nicht, was unter unansehnlichen Bildern verborgen ist.*

Lebenspraktisch ist der Satz, der Sohn solle gerne von anderen lernen, doch vorsichtig sein, wenn Leute zu viele Worte machen. *Was im Hirn ist, ist im Hirn; und Existenz ist die erste aller Eigenschaften*, schärft er dem

Sohn pointiert ein. Im Stil alttestamentlicher Spruch-weisheit wird dann eine Lebensregel an die andere gereiht, darunter solche, die auch heute noch gut zu hören sind: *Tue keinem Mädchen Leides, und denke, daß deine Mutter auch ein Mädchen gewesen ist.* Und vor allem das kluge Wort: *Sag nicht alles, was du weißt; aber wisse immer, was Du sagst.* Schließlich: *Wenn ich gestorben bin, drücke mir die Augen zu (...). Stehe deiner Mutter bei und ehre sie solange sie lebt, und begrabe sie neben mir (...). Gehe nicht aus der Welt ohne deine Liebe und Ehrfurcht für den Stifter des Christentums durch irgendetwas öffentlich bezeugt zu haben. Dein treuer Vater.* Ein persönlicher, klu-ger und weisheitlicher Text in einem ernsten, aber war-men Tonfall.

Als Tochter Anna 1798 Hamburg mit ihrem Mann verließ, bat sie Claudius um einen kurzen Überblick über das Christentum. Es wurde dieser *Einfältige Haus-vater-Bericht über die Christliche Religion* dann doch ein längerer Text, den Claudius erst 1804 separat veröffent-lichte, aber vorher, schon 1803, in die *Sämtlichen Werke 7. Teil* aufgenommen hatte. Es ist ein eher trockener, mit über 100 Bibelstellen gespickter dogmatischer Ab-riss der Heilsgeschichte von der Schöpfung über den Fall des Menschen, den Alten Bund bis zum Erscheinen Christi. Zum einen wird die Spannung zwischen Wollen und Vollbringen mit Paulus und Römer 7 beschrieben: Das Gesetz bringe zwar Erkenntnis der Sünde, richte aber wie das Alte Testament insgesamt nur Zorn an. Deswegen bedarf es eines Mittlers, der dem Streit zwi-schen Fleisch und Geist ein Ende mache, eben der Gnade und Wahrheit durch Christus. Um die von Christus gewirkte Gerechtigkeit zu erlangen, müsse der Mensch Buße tun. Das könne er nicht aus eigener Kraft, aber er könne sich dazu entschließen. *Dies ist der einzige Akt, den der Mensch von seiner vorigen Herrlich-keit noch in seiner Gewalt hat, die einzige Saite auf der h e i l i g e n Harfe, daran er noch rühren kann.* Das ist in dem Bericht die einzige schöne, poetische Formulierung. Claudius beschreibt dann mit Luther den Glauben *als ein göttlich Werk in uns, das uns wandelt (…) Bitte Gott, daß er den Glauben in dir wirke.* Er erinnert an *das holdselige Gleichnis vom verlorenen Sohn,* in dem der Vater der dem reuigen Sohn entgegenläuft. *Seht lieben (sic!) Kinder, so fängt die Wiedergeburt an.* Das ist *die Ordnung des Heils, und ist der Weg zum Leben und zur Wiederherstellung des Menschen.* Dieser biblizistische *Hausvater-Bericht* ist nicht gerade ein eingängiger Text, sondern zeigt Claudius, wie auch in dem späteren Aufsatz über das Heilige Abendmahl, als einen dogmatisch korrekten lutherischen Katecheten. Ob Tochter Anna damit etwas bei der religiösen Erziehung ihrer Kinder anfangen konnte, sei dahingestellt. Dass er die Sehnsucht nach dem *Bessern in der Welt* auch anders, eben poetisch und anrührend, beschreiben konnte, zeigt das Gedicht *Die Sternseherin Lise*, das er um diese Zeit verfasst. Im *Valet an seine Leser* bekennt er, er habe in diesem siebenten und letzten Teil der *Sämtlichen Werke* ernster, sprich christlich, argumentiert und *die Fahne etwas höher aufgezogen, damit man am Ende sehe, von welcher Seite die Luft geht.* Es kommt aber 1812 noch *Sämtliche Werke 8. Teil.*

Viertes Kapitel

(Über-)Leben in den Wirren der Napoleonischen Kriege

Das letzte Lebensjahrzehnt ist bestimmt von den Ereignissen der Napoleonischen Kriege. 1799 hatte sich Napoleon in Frankreich an die Macht geputscht, 1804 selbst zum Kaiser gekrönt (man denke an die Enttäuschung Beethovens über diesen Akt, er zieht die Dedikation seiner 3. Sinfonie, der Eroica, an Napoleon zurück) und dann den Kampf gegen Preußen und Österreich begonnen. In der Claudius-Sammlung der Hamburger Staatsbibliothek gibt es ein Blatt mit einem von Claudius verfassten und unterschriebenen Text, der sich an einen Herrscher richtet, der wohl Napoleon sein muss. *Seigneur, Sie haben begonnen, Ihre Zeitgenossen in Unruhe zu versetzen, hören Sie auf, sie zu bedrängen.* Statt andere Völker zu unterwerfen, solle er sich auf die wahre Bestimmung des Menschen besinnen, lieber *zu retten als zu verderben.* Man darf vermuten, dass es vielleicht doch kein direkter Brief ist, sondern die Skizze einer Audienz-Szene, ähnlich der beim Kaiser von Japan.

In den Familienbriefen nimmt die besorgte Kommentierung politischer Ereignisse ab 1801 immer mehr Platz ein. So die Kommentare zur Besetzung Hamburgs durch dänische Truppen im März 1801, die der Rat der Stadt erst ablehnte, dann nach drohender Kanonade doch zuließ. *Um 8 Uhr Sonntagmorgens fielen erst drei und dann vier Kanonenschüsse und wir meinten, daß auf unser liebes Hamburg oder unsere lieben Dänen geschossen und Blut vergossen würde. Es waren aber doch nur blinde Schüsse der über den Hamburger Berg vor das Tor rückenden Armee.*

Aus Vorsicht verbrennt Claudius große Teile seiner Korrespondenz. Dass ihn sein Humor dabei nicht verlässt, macht folgende Bemerkung aus diesen Tagen deutlich: *Die Schöpfung von Haydn wird in den Komödienhäusern und dem Keller-Saal aufgeführt und macht damit mehr Lärm als die eigentliche Schöpfung. Wir haben die von Haydn bis dato noch nicht gehört und behelfen uns mit der andern, so gut wir können.* Im März 1803 stirbt Klopstock, Claudius berichtet ausführlich über die pompöse Trauerfeier in Altona. Chöre aus dem „Requiem" von Mozart erklingen, die beiden Töchter singen mit. Eine Rezitation aus dem „Messias" über den Tod der Maria, die Claudius nicht erbaut, wird vorgetragen. Doch der A-capella-Chorsatz „Auferstehen, ja auferstehen wirst du" versöhnt den Wandsbeker Boten wieder.

Im Mai 1803 besetzen die Franzosen das Kurfürstentum Hannover *und man kann nicht wissen, ob die Hannoveraner nicht vielleicht ins Hamburgische oder Dänische ziehen und so die Franzosen nachziehen (…) man sieht nicht durch, was werden könnte, und so muß man sich reisefertig halten.* Die Familie Claudius bekommt vier dänische Soldaten zur Einquartierung und *der Graf hat an seinem Geburtstag allen 500 Mann Kringel, Branntwein und Bier gegeben und Tanz auf dem Schloßplatz.* Das Jahr 1806 fängt gut an, weil die Tochter Caroline in Hamburg glücklich einen Knaben zur Welt bringt. Doch dann wird Hamburg von den Franzosen besetzt, um den Engländern den Zugang zum Hafen von Hamburg zu sperren, was, so befürchtet Claudius, große Teuerung und Not bringen wird. Durch die vorige Blockade *war der Armen so viel geworden, daß die berühmte Armenanstalt nicht mehr zureichte.*

Es folgen Berichte über Kriminalfälle (die Hehlerei eines Wandsbeker Juden, Stehlen und Morden), Todesurteile, die dramatisch-komische Geschichte eines Doktor Urlsberger aus Augsburg, eine Oster-Musik von Mozart, noch schöner als sein Requiem, den Selbstmord eines Wandsbekers und vieles mehr. Im November ziehen die Soldaten Napoleons in Hamburg ein, respektieren aber *mit gewissenhafter Genauigkeit die dänische Neutralität.* Die Armut nimmt weiter zu und am Jahresende liegen alle Kinder von Auguste bis Franz auf einmal an Scharlach erkrankt danieder.

Im Juni 1807 bringt Anna (inzwischen mit ihrem Mann in Salzburg) ihr viertes Kind zur Welt: ein Mädchen, einen Tag nach ihrem eigenen Geburtstag. Und Claudius sinniert über *den Jammer in der Welt, von Madrid bis Tobolsk, von Konstantinopel bis Stralsund.* Rebecca Claudius aber gibt der Tochter den Rat, fleißig Hühnerbrühe zu trinken.

Jetzt wird Dänemark in den Krieg trotz seiner Neutralität hineingezogen. Die Engländer belagern Seeland und fordern die Übergabe der dänischen Flotte. Sohn Johannes, inzwischen Theologiestudent in Kiel, engagiert sich zur Verteidigung der Küsten. Die Engländer bombardieren brutal Kopenhagen und zerstören die dänische Flotte, 1 700 Menschen sterben. Als Antwort schließt Dänemark ein Militärbündnis mit Frankreich. Claudius versteht die Welt nicht mehr, *der Jungfernstieg und die Gassen wimmeln von fremden Truppen, größtenteils Spanier, die durchgehend beliebt sind. (…) ich bin wirklich so ge- und zerdrückt von allem, was in der Welt vorgeht.* Ende des Jahres wird der kleine Johannes von Caroline schwer krank schon aufgegeben (*weint aus und seid dann wieder gutes Muts,* hatte Claudius bereits tröstend geschrieben) und überlebt dann doch. Der Sohn Fritz geht 1810 zum Studium nach Heidelberg und schreibt so begeistert, dass Claudius meint, dort müsse man leben und sterben. In Hamburg stirbt der Maler Runge im Alter von 34 Jahren (*er hat sehr gelitten, aber meisterlich*). 1811 wird Hamburg in das französische Imperium eingegliedert, Marschall Davout residiert in Wandsbek. Ein Regiment von Hamburgern muss mit Napoleon nach Russland marschieren, fast alle sterben auf dem Rückmarsch. In Hamburg gastiert der Pianist Riess, ein Schüler Beethovens und löst Begeisterungsstürme aus.

Nach der Niederlage Napoleons in Moskau verlassen die verhassten Franzosen 1813 Hamburg, der russische Oberst Tettenborn wird begeistert als Befreier begrüßt. Doch die Franzosen erobern Hamburg zurück und ihr Regiment wird noch schlimmer. Vor den zu erwartenden Kämpfen fliehen Matthias und Rebecca an den Westensee, dort im Pastorat wohnen sie *nicht wie Emigranten, sondern wie Reichsritter und haben einen See von zirka 2 Meilen im Umkreis voll Sanderten und Barschen.* Von dort geht es nach Lütgenburg zu Claudius' Bruder, dem Arzt, dann nach Kiel und schließlich nach Lübeck, wo man das Kriegsende abwartet. Weihnachten 1813 hatten die Franzosen 20 000 arme Hamburger, die sich nicht mehr verpflegen konnten, aus der Stadt ausgewiesen, viele von ihnen starben. Claudius, dessen Geld aus Altona ausblieb, wurde großzügig von zwei Elberfelder Kaufleuten unterstützt. In Wandsbek hält Sohn Fritz die Stellung im Haus.

Auch Caroline war aus Hamburg geflohen, ihr Mann ebenfalls, er wurde wegen seiner politischen Aktivitäten von den Franzosen gesucht. In Kiel brachte sie einen Sohn zur Welt, der aber bald starb. In Lübeck erschien Claudius' letztes veröffentlichtes Werk *Die Predigt eines Laienbruders zu Neujahr 1814*. Am 6. April 1814 dankt Napoleon ab, am 29. April stellt Davout in Hamburg die Kampfhandlungen ein. Claudius kehrt zurück. Ein langer Brief an Anna im Juni 1814 schildert, wie es in Wandsbek und Hamburg nach Abzug der Franzosen aussieht: *Das Haus sieht aus wie ein Schweinestall, Fritz hat uns aber den Garten und alle Bäume gerettet.* Zu Claudius' 74. Geburtstag am 15. August kommen überraschend am späten Abend, als Claudius schon im Bett liegt und Rebecca gerade hineinsteigen will, alle in der Nähe wohnenden Kinder zu Besuch: Johannes, Prediger in Sahms, seine Frau Mine mit dem Kind, Fritz, Prokurator in Lübeck, Ernst, Student in Berlin, und Franz. Am nächsten Morgen trifft Caroline mit ihren Kindern aus Hamburg ein, die Claudius-Söhne verkleiden sich als böhmische Studenten und musizieren unter der Linde im Garten. Das war der letzte Geburtstag, danach nehmen Claudius' Kräfte rapide ab.

Was bedeutet die Vertröstung aufs Jenseits bei Claudius?

Claudius hat sich sein Leben lang mit dem Tod auseinander gesetzt. Er hat dabei häufig und wie selbstverständlich von der besseren Welt gesprochen, die uns nach dem Tode erwartet: *Aus einer Welt voll Angst und Not/ Voll Ungerechtigkeit, und Blut und Tod/ Flüchtete die fromme reine Seele/ Sich ins beßre Land zu Gott;/ Und der Leib in diese dunkle Höhle,/ Auszuruhen bis zum Wiedersehn*, heißt es in dem Gedicht *Auf Otto Runges Grab* aus dem Jahr 1810. Ähnlich spendet Claudius Trost in dem Gedicht *Der Vater (am Grabe)*: *Er ist nicht auf immer hier begraben,/ Es ist nicht um ihn geschehn!/ Armes Heimchen, du darfst Hoffnung haben/ Wirst gewiß ihn wiedersehn,/ Und kannst fröhlich von dem Grabe gehn./ Denn die Gabe alle Gaben/ Stirbt nicht, und muß auferstehn.* Schließlich: In dem berühmten *Abendlied* steht eine Jenseitsstrophe, die meistens nicht mitgesungen wird, und die schon Herder weggelassen hat, als er das Lied in seine Volksliedersammlung aufnahm. *Wollst endlich sonder Grämen/ Aus dieser Welt uns nehmen/ Durch einen sanften Tod!/ Und wenn du uns genommen,/ Laß uns in Himmel kommen,/ Du unser Herr und unser Gott!*

Es ist wahr: Diese Zitate klingen nach traditionellem christlichem Jenseitstrost. In der anderen, besseren Welt dürfen wir die zu früh Verstorbenen bewahrt glauben und dort werden wir sie wiedersehen. Und trotzdem trifft auf Claudius nicht zu, was Feuerbach 30 Jahre später am Christentum kritisiert: „Es hat die Menschen durch die Verheißung ewigen Lebens um das zeitliche Leben, durch den Glauben an ein besseres Leben im Himmel um den Glauben an ein besseres

Leben auf Erden gebracht." Feuerbach will deswegen die Menschen aus „Kandidaten des Jenseits" zu „Studenten des Diesseits" machen.

Es trifft diese Kritik nicht zu, weil Claudius stets für eine aktive Weltgestaltung eingetreten ist. Viele seiner Gedichte atmen den Geist schöner Weltbejahung. Besonders seine häuslichen Gedichte, die das Glück des Zusammenlebens mit Frau und Kindern wie in Momentaufnahmen festhalten, sind Lobeshymnen auf das Leben, so schlicht wie schön.

Aber trotz dieser Lebensbejahung hält Claudius an der Jenseitshoffnung fest. Wieso? Für Claudius ist die bessere Welt vor allem ein Bild für die größere Bestimmung des Menschen. Sehr schön bringt er das in dem Gedicht *Die Sterneseherin Lise* zum Ausdruck. Beim Anblick des sternenübersäten Himmels lässt er eine Frau aus dem einfachen Volk sprechen:

Dann saget unterm Himmelszelt
Mein Herz mir in der Brust:
,Es gibt was Bessres in der Welt
Als all ihr Schmerz und Lust.'
Ich werf' mich auf mein Lager hin
Und liege lange wach,
Und suche es in meinem Sinn,
Und sehne mich danach.

Also: Das, was der Mensch ist und wozu er bestimmt ist, das geht in dieser Welt nicht auf. Sein innerstes Wesen transzendiert die vorfindliche Welt: Mitten in der Herrlichkeit der Schöpfung ist und fühlt er sich größer als alles, was ihn umgibt; und sehnt sich nach etwas anderem *(Briefe an Andres, Sämtliche Werke 6. Teil)*

In diesen Aussagen verbinden sich biblischer Glaube und eine romantische Sehnsucht nach dem Geheimnisvoll-Unendlichen, die die Transzendenz in der Immanenz spürt. Der Mensch weiß um seinen Tod, aber auch um seine göttliche Bestimmung. Er kommt von dem Einen und will wieder dorthin, selbst wenn ihm diese Sehnsucht im Getriebe des Lebens verloren geht. Aber in nachdenklichen Momenten, im Anblick der Sterne wird die Sehnsucht nach dem ganz Anderen wieder in ihm wach. Claudius benutzt die traditionellen Bilder christlicher Jenseitshoffnung, um diese Sehnsucht nach der Transzendenz auszumalen.

Es ist allerdings so, dass mit zunehmendem Alter bei Claudius die traditionelle Hoffnung auf das Jenseits als die bessere Welt wieder in den Vordergrund tritt. Im *Valet an meine Leser* schreibt er: *Wir sind nicht umsonst in diese Welt gesetzt; wir sollen hier reif für eine andere werden, und man kann unseren Körper als ein Gradierhaus ansehen, wo das wilde Wasser von dem guten geschieden werden soll.* In die Bibel seiner Tochter Auguste schreibt er 1814: *Ich gehe natürlich voran und erwarte dich, liebe Auguste, wenn deine Stunde geschlagen hat und will, wenn ich kann, dir entgegenkommen.* Seine Tochter Anna beruhigt er: Man solle *„sich nicht so grämen (…). Die paar Tage, wo man getrennt ist, laufen bald dahin.* Eine befreundete Mutter, die ihren kleinen Sohn verloren hat, tröstet er: *Und ihr kleiner Fritz ist nicht verloren, er ist nur wie ein Vöglein über die Mauer in einen anderen Garten geflogen und da sollen sie ihn wiederhaben. So gut er auch in ihren Händen war, so ist er nun in besseren.* Claudius will mit dieser Versicherung eines Wiedersehens trösten. Auch hier wieder das Moment der Überredung, das Beschwören einer Hoffnung, deren Tragfähigkeit schon im Schwinden begriffen ist. Und die im gelungenen poetischen Bild neue Überzeugungskraft gewinnt – für den Augenblick jedenfalls.

Die Wiedersehenshoffnung ist für Claudius ein Stück psychische Entlastung bei der Trauerarbeit: *Man befindet sich wohl dabei, wenn man die Augen nicht bloß auf diese Welt richtet.* Und die Notwendigkeit der Tränen, des Weinens hat er immer wieder betont: *Als unsere Kinder starben, weinten wir auch um sie.* Das ist noch vorsichtig ausgedrückt. Ein paar Jahre zuvor hatte er geschrieben, dass er sich über den Tod seiner Kinder Matthias und Christiane *tief hinein ins Herz gegrämt habe.*

Lebensbejahung und memento mori gehören für Claudius untrennbar zusammen. Das macht die Anordnung seiner Gedichte in den *Sämtlichen Werken* deutlich. Besonders schön im *6. Teil* – zunächst das Gedicht auf *Frau Rebekka bei der silbernen Hochzeit,* dann *Christiane,* veranlasst durch den Tod seiner ältesten Tochter, schließlich die beiden Vierzeiler *Der Tod* und *Die Liebe.* Die enge thematische Verknüpfung von Tod und Liebe gründet im Leben wie in der Literatur in der Spannung zwischen der Erfahrung der Vergänglichkeit und der Hoffnung auf etwas Bleibendes, den Tod Überdauerndes.

> *Ach, es ist so dunkel in des Todes Kammer,*
> *Tönt so traurig, wenn er sich bewegt*
> *Und nun aufhebt seinen schweren Hammer*
> *Und die Stunde schlägt.*

Der Tod ist das aller menschlichen Einwirkung entzogene Urphänomen. Mit wenigen Metaphern gelingt es dem Dichter, das Erlebnis des unabwendbaren Todes gegenwärtig werden zu lassen. In dem schmerzlichen *Ach* des Auftaktes ist die gesamte Menschheitsklage über den grausamen, rätselhaft-dunklen Tod zusammengefasst. Und dann das Gegenbild:

> *Die Liebe hemmet nichts; sie kennt nicht Tür noch Riegel,*
> *Und dringt durch alles sich;*
> *Sie ist ohn Anbeginn, schlug ewig ihre Flügel,*
> *Und schlägt sie ewiglich.*

So unabwendbar der Tod, so wirkungsmächtig die Liebe. Ihr Reich ist unendlich, ihr Flügelschlag seit Äonen zu spüren. Sie ist die Ursprungs- und Anfangsmacht. Dem Vernichtungsschlag des Hammers stellt

Claudius ihre Verwandlungskraft gegenüber. Wie der Vogel Phönix erhebt sie sich mit ewigem Flügelschlag aus der Asche der Vergänglichkeit.

Intensiver als andere Dichter seiner Zeit setzte sich Claudius mit einer Sterblichkeitsrealität auseinander, die alle europäischen Völker jahrhundertelang geprägt hatte. Sie forderte noch in ihrer Schlussphase, wie eine Mortalitätsstatistik Berlins aus den Jahren 1751 bis 1780 zeigt, je 1 000 Einwohner jährlich um die 40 Menschenleben. Die Lebenserwartung ist heute doppelt so hoch wie zu Claudius Zeiten. Der Notwendigkeit, sich mit *Freund Hain* anzufreunden, sind wir dadurch nicht enthoben. Auch wenn er uns im Allgemeinen länger leben lässt, bleibt er unberechenbar. Neu an der heutigen Sterberealität ist die Ausweitung der Sterbedauer. Der Tod schlägt nicht mehr in der Regel rasch zu wie ehedem, sondern er zermürbt sein Opfer, bevor er es schließlich von seinem „schweren Leiden erlöst", wie es dann in den Todesanzeigen heißt. „Wir können das eine nicht ohne das andere haben: nicht einerseits den gnädigen raschen Tod von ehedem, jedoch losgelöst von den damaligen deplorablen Lebensbedingungen, noch andererseits die heutige lange Lebenserwartung, aber ohne chronisch-zermürbende Leiden. Erst dadurch, dass wir die Infektionskrankheiten weitgehend aus unserem Todesspektrum verbannt haben und deswegen keineswegs die Unsterblichkeit erlangten, erhielten die chronischen Leiden schließlich ihre große Chance, in die verwaisten Stellen zurückzukehren" (Imhof). Das festzustellen heißt nicht, nostalgisch einem „guten alten Sterben" das Wort zu reden. Wer mit Zuständen um 1800 tauschen möchte, weiß nicht, wie schrecklich damals die Lebens- und Sterbeverhältnisse aussahen. Aber zu erinnern ist mit Claudius an die Haltung gegenüber Tod und Sterben als einem Prozess, zu dem sich der Mensch verhalten muss und den er nicht verdrängen darf.

Wie Claudius gestorben ist

In seinen letzten Lebensjahren schrieb Claudius nur noch wenig, und was er verfasste, wie die *Predigt eines Laienbruders zu Neujahr 1814,* wirkte verglichen mit den früheren Werken trocken und dogmatisch. Es war wohl so, dass die Kriegswirren und die Angst um die eigene Familie ihm seine Munterkeit genommen und die Sprache verschlagen hatten. In dieser Irritation versteigt er sich zu dem alten Predigerübel, in den Übeln der Welt die Pädagogik Gottes zu erkennen: Der Krieg in Europa *hat die Menschen Ergebung und Unterwerfung unter die gewaltige Hand Gottes gelehrt und durch mancherlei Unrecht und Gewalttätigkeiten, Verlust und Ungemach ihre Herzen mürbe gemacht und zerschlagen. Mit einem Wort, er hat sie für die Hülfe, die allein helfen kann, empfänglicher gemacht.*

Das Sterben ihm nahestehender und bekannter Menschen hat Claudius sehr beschäftigt. Wie sie gestorben sind, die Phasen ihres Sterbens, ob sie ihren Tod akzeptiert und ihren Glauben bewahrt haben, das interessierte ihn ganz besonders. 1810 schreibt er an seine Tochter Anna: *Daß Otto Runge gestorben ist, wirst du aus den Zeitungen gesehen haben. Er hat sehr gelitten, aber meisterlich, das muss man ihm lassen (…) Der Doktor Lappenberg hat auch gemeint: er habe viele Menschen leiden und sterben sehen, aber so noch keinen.* Und im Oktober 1813 schreibt er an seinen Sohn Fritz: *Der alte Pastor Wolf ist seit 24 Stunden im Sterben gewesen und den Mittag 1 Uhr gestorben. Ich habe wieder gesehen, was ich schon wußte, daß es ein sehr ernsthaftes Ding ist zu sterben. Gott helfe uns, wenn die Reihe an uns kommt.*

Claudius selber starb relativ schnell nach einem für damalige Verhältnisse langen Leben im Alter von 74 Jahren. Seine Enkelin Agnes Perthes hat seine letzten Wochen und Tage in ihren Erinnerungen festgehalten. Claudius hatte seinen 74. Geburtstag noch vergnügt in Wandsbek gefeiert. In den letzten Monaten des Jahres

1814 erkrankte er und wurde wegen der besseren ärztlichen Versorgung nach Hamburg in das Haus seines Schwiegersohnes Perthes am Jungfernstieg gebracht.

„In der ersten Zeit sprach er fast gar nicht. Er war still und in sich gekehrt: Den Tag über lag er zu Bett, gegen Abend stand er eine Stunde auf. Da es Winter war, saß er dann auf seinem Lehnstuhl am Ofen; Mama fragte ihn einmal, warum er so still sei: ob er Schmerzen habe oder ob eine Sorge ihn bedrücke. Er antwortete: *Min lewe Line, dat Starven is schwer, et is nix Lichtes.* Zu seinen kleinen Enkelkindern war er besonders freundlich. Das Weihnachtsfest wurde liebevoll um den kranken Großvater herum gestaltet. Als am Neujahrsabend vom Turm ‚Nun danket alle Gott‘ geblasen wurde, sagte Claudius: *Dat hör ick künftig Jahr nich wedder.* Der Kranke wurde nun von Tag zu Tag heiterer und freundlicher und machte mit den Kindern zuweilen einen Spaß. Zu leiden hatte er wenig, den inneren Kampf hatte er überstanden, er wartete ruhig auf die Erlösung von seinem kranken Körper und freute sich auf das ewige Leben. So kam der 21. Januar heran. (…) Es mochte 12 Uhr sein, da bat er Großmama, sie solle die Vorhänge seines Bettes zuziehen, er wolle mit Gott allein sein. Es geschah. Er hatte gehofft, Gott solle ihm etwas mehr schenken als den Glauben. Er sagte, es sei ihm nicht geworden. Er hoffte aber bis zum letzten Augenblick darauf. (…) Er fragte viele Male, was die Uhr sei und wunderte sich, wie die Zeit so langsam schliche. *Noch nich twee?* Diese Worte hörten wir oft (…) dann lag er still, die Hände gefaltet, den Blick seiner wunderschönen Augen nach oben gerichtet. Halb drei Uhr sprach er die Worte: Helft mir Gottes Güte preisen, Gott seg –, holte dreimal tief Atem – und war bei seinem und unserm Gott.“

Eine fast ideale christliche Sterbeszene – der Patriarch, der alt und lebenssatt im ungebrochenen Glauben an Gott im Kreise der Familie Abschied nimmt und stirbt.

Grabstelle von Matthias und Rebecca Claudius auf dem Wandsbeker Friedhof in Hamburg.

Freund Hain tat Claudius den Gefallen und fasste ihn nicht zu hart an: kein schweres Leiden, sondern mehr ein Hinübergleiten. Aber dennoch, und wen nähme das Wunder, bis zuletzt Angst vor dem Unbekannten: *Mein ganzes Leben lang habe ich auf diese Stunde studiert. Und noch weiß ich nicht, wie es enden soll* (so Claudius gegenüber seinem Schwiegersohn Perthes). Tröstende Bibelworte haben die Angst vielleicht beschwichtigt, aber der Blick in die viel beschworene bessere Welt tat sich dem Sterbenden nicht auf. Keine Vision eines offenen Himmels wie bei den Märtyrern seit Stephanus, keine Lichterscheinung am Ende des dunklen Gangs wie in den Berichten der klinisch Toten. Der Tote wurde nach Wandsbek gebracht, in seinem Hause aufgebahrt und vier Tage später neben der Tochter Christiane beerdigt. Der Historiker Niebuhr erwiderte Perthes auf die Todesnachricht: „Er war einer der Allerersten, dem Werte nach, unter der Klasse Innigen, still Glühenden und Schauenden, welche der Generation angehörten, die der unsrigen vorherging. Sie wird nicht ersetzt werden." Rebecca überlebte ihren Mann um 17 Jahre. Sie starb am 26. Juli 1832.

131

Epilog

Das Wunder im Alltäglichen. Die bleibende Bedeutung des Wandsbeker Boten

Im *Valet an seine Leser* sagte Claudius: *Ich entschuldige mich für meine Werke nicht. Ich bin kein Gelehrter und ich habe als einfältiger Bote nichts Großes bringen wollen, nur etwas Kleines, das den Gelehrten zu wenig und zu gering ist.* Und weiter: *Das Meiste ist Einfassung und Spielewerk, das als ein Blumenkranz um meinen ‚Becher kalten Wassers' gewunden ist, daß er desto freundlicher ins Auge falle.*

Eine aufschlussreiche Bemerkung, spielt Claudius doch hier auf ein Jesus-Wort aus dem Matthäusevangelium an (Matthäus 10,42). Dort verheißt Jesus demjenigen, der „einem dieser Geringen auch nur einen Becher mit kaltem Wasser zu trinken gibt", eine große Belohnung. Gemeint sind mit den Geringen Jesu Jünger, deren gastfreundliche Aufnahme Jesus fordert.

Für Claudius sind also die Geringen die Christen seiner Zeit, denen er mit seinem Botendienst die notwendige belebende Erfrischung, sprich den Becher Wasser, bringt. Aber eben als *Blumenkranz gewunden um den Becher kalten Wassers.* Anders gesagt: Der Bote bringt das Lebensnotwendige in einer unterhaltsamen Form. Es sei daran erinnert, dass Unterhaltung im Deutschen sowohl die materielle Erhaltung wie die spielerische Unterhaltung meint. Was Claudius positiv als *Einfassung, Spielewerk und Blumenkranz* um den Becher bezeichnet, das wendet Karl Marx in seiner 40 Jahre später verfassten Religionskritik bei ähnlicher Metaphorik gegen die Religion: „Die Kritik der Religion ist also im Keim die Kritik des Jammertales, dessen Heiligenschein die Religion ist. Die Kritik hat die imaginären Blumen an der Kette zerpflückt, nicht damit der Mensch die fantasielose, trostlose Kette trage, sondern damit er die Kette abwerfe und die lebendige Blume breche."

Vom Blumenkranz um den Becher kalten Wassers zu den imaginären Blumen um die Kette, die abgeworfen werden muss. Marx rigide Religionskritik scheiterte als grausame staatliche Religionspolitik. Doch Religion als Antwort auf die Sehnsucht nach dem „Bessern in der Welt", als „Sinn und Geschmack für das Unendliche" (Schleiermacher) ist trotz der allgegenwärtigen Säkularisierung etwas, was gerade in ästhetisch-kulturellen Formen sich als lebendig erweist, nicht nur zu Weihnachten und in der Passionszeit mit den großen Oratorien Bachs. Lebendig besonders dann, wenn man Claudius berühmtes *Abendlied* singt. Fast jeder, der es singt, wird von der zauberhaften Stimmung dieses Gedichts angerührt.

„Claudius gehört zu den wenigen in der deutschen Gelehrtenrepublik namhaften Sterblichen, wo Mensch und Schriftsteller die nämliche Person ausmachen und wo man den einen so lieb gewinnen kann als den andern", bemerkte Friedrich Matthisson 1810. Dass ihm sein Leben und das seiner Familie viel höher stand als die literarische Hinterlassenschaft, behauptet Eckart Kleßmann. Stimmt das? Claudius selber bekannte: *Meine Schriftstellerei ist Realität bei mir, sonst hols der Teufel.* Was meinte er damit? Nicht einen kruden Realismus, sondern eine vom Glauben an den erhaltenden Gott durchwirkte Poesie des Alltäglichen. Wohlgemerkt Poesie. Am schönsten in *Täglich zu singen* (ein Lieblingsgedicht Dietrich Bonhoeffers): *Ich danke Gott, und freue mich/ wie's Kind zur Weihnachtsgabe,/ Daß ich bin, bin!/ Und daß ich dich, schön menschlich Antlitz! habe.* Ich verdanke mich Gott, dem Geber und Grund des Lebens und darüber freue ich mich. Dieser Gott hält das Große und das Kleine zusammen.

Noch mal gesagt: Ein Lob des einfachen Lebens spricht sich darin aus, eine Zufriedenheit mit dem, was man zum Leben hat. Und die negative Folie, vor der

„Der Freudensprung"
nannte der Wandsbeker
Bildhauer Bernd Stöcker
diese Skulptur von
Matthias Claudius und
seinem Sohn: ein altes
Ritual aus dem 18. Jahr-
hundert, das bei der
Geburt eines weiteren
Kindes vollführt wurde
und Glück bringen sollte.
Das Denkmal steht auf
dem Wandsbeker Markt-
platz.

sich dieses tägliche Existenzlob abhebt, das ist die Welt
von Ehre und Reichtum, von Macht und Einfluss. Claudius' Texte gehen von einem menschlicher Erfahrungs-
grund aus, der in allen Veränderungen der Lebenswel-
ten gleich bleibt – Geburt und Kindheit, Verliebtsein
und Eltern werden, Glücksmomente und Enttäuschun-
gen, Krankheit und Leiden, Sterblichkeit und Tod.

In der Öffnung des Alltäglichen auf seinen tragenden
Grund hin, in der Wertschätzung des Lebens als von
Gott gegeben, in der „Entdeckung des Wunderbaren im
Alltäglichen" (Kranefuss) und der daraus entspringen-
den Sehnsucht nach dem Besseren liegt das Besondere
der Gedichte und Texte von Claudius. Kein Schriftstel-

ler seiner Zeit, der gelungene, überdauernde Texte hinterließ, hat das so deutlich und poetisch ausgesprochen wie Claudius. Er säkularisiert diesen Glauben an Gott nicht, sagt nicht wie Schillers Luise: „Als ich ihn [Ferdinand] sah, wußt' ich von keinem Gotte mehr", sondern bringt ihn ins Gedicht. Er realisiert das „von Gott gegeben" poetisch. Es ist eine christliche Mystik des Alltags, ein an den alltäglichen Gegebenheiten sich festmachendes Schöpfungslob. Claudius ist ein „Theopoet" im Sinne von Dorothee Sölle. Einer, der die Themen der Theologie als Dichter und Feuilletonist besser „rüberbringt" als die bestallten Theologen. Claudius hält an Gott als Grund der Welt fest vor dem Sprung in die entwickelte, losgelassene Moderne: Immer wieder hält er inne und besinnt sich auf die tragenden Grundlagen des Lebens in einer Zeit, in der die Ressource Beziehung durch das Medium Geld abgelöst wird. Es ist eine „intendierte Rückständigkeit" (P. Hersche), sie ist in ihren politischen Aussagen oft restaurativ, wenn Claudius ziemlich unkritisch an König und Adel festhält, zumindest an einem patriarchal-gütigen Ideal derselben, und gegen Revolution und Pressefreiheit sich ausspricht. Dieser Konservativismus versucht in christlicher Gestalt zu bewahren, was verloren zu gehen droht – die Ökonomie der Gaben und Beziehungen, wie sie in Ehe, Familie und Freundschaften sich entfaltet.

Man muss auch sagen: Sein im Alter verschärfter Dualismus von Diesseits und Jenseits ist so wenig haltbar wie sein ständisches Denken in der Tradition Luthers. Sein Festhalten an einem allzu positiven Christentum bekommt dann auch etwas Reaktionäres. Aber seine Erinnerung an den Mond, der nur halb zu sehen und doch rund und schön ist, bleibt ein gewichtiger Einspruch gegen eine sich absolut setzende Aufklärung und gegen eine Selbstsäkularisierung von Christentum und Theologie. Kurz: Mit Claudius' *Abendlied* geht auch der christlich distanzierte Deutsche immer noch besser schlafen als mit Baldrian – und denkt nicht nur an sich, sondern hoffentlich auch an den kranken Nachbarn.

Die Zeit, als man vor den Toren der reichen Hansestadt Hamburg mit einer geliebten Frau, einer großen Schar von Kindern und einer Kuh auf der Wiese hinter dem Haus selbstgenügsam leben konnte, ist lange vorbei. Dort, wo Claudius' Haus stand, braust heute der Verkehr. Aber die Kritik des Wandsbeker Boten ist noch aktuell. Aktuell in einer reichen Industriegesellschaft, die durch ihre Abgase die Ozonschicht zerstört, und in der viele Familien zwei Autos haben, weil es angeblich zu schwierig ist, ohne Auto einzukaufen oder die Kinder wegzubringen und abzuholen; an heißen Sommertagen sind die Ozonwerte bedenklich. Ich sehe Claudius in seinem Garten, die Kinder tollen um ihn herum, Freunde kommen zu Besuch, er zeigt ihnen seine Obstbäume und schwärmt von dem Apfelfest im Spätsommer. Man setzt sich im Kreis zusammen, Frau Rebecca hat eine Flasche Most gebracht, es wird langsam dunkel, der Mond geht auf und alle singen, bevor die kleinen Kinder ins Bett gebracht werden, das Abendlied.

Lebensdaten

1740 Matthias Claudius wird am 15. August in Reinfeld/ Holstein geboren.

1751 Tod von drei Geschwistern innerhalb eines Jahres.

1759–1762 Studium der Theologie, dann der Kameralistik in Jena.

1760 Tod des Bruders Josias. Totenrede auf den Bruder.

1763 *Tändeleyen und Erzählungen.*

1764 Sekretär des Grafen Holstein in Kopenhagen.

1765–1768 Bei den Eltern in Reinfeld.

1768–1770 Redakteur der *Hamburgischen Adreß-Comtoir-Nachrichten.* Bekanntschaft mit Carl Philipp Emanuel Bach, Lessing und Herder.

1770 Im Dezember lernt Claudius Rebecca Behn kennen.

1771–1775 Redakteur des *Wandsbecker Bothen.*

1772 Im März Hochzeit mit Rebecca Behn, im September Geburt und Tod des Sohnes Matthias.

1773 Tod des Vaters.

1774 Geburt der Tochter Caroline.

1775 *1. und 2. Teil* der *Sämtlichen Werke (Asmus omnia sua secum portans)* erscheinen. Entlassung als Redakteur des *Wandsbecker Bothen*, im November Geburt der Tochter Christiane, Reise nach Berlin, *Der Tod und das Mädchen.*

1776 Umzug nach Darmstadt und Beginn der Tätigkeit als Oberlandkommissarius, Redakteur der Hessen-Darmstädtischen Privilegierten Land-Zeitung, Bekanntschaft mit Merck.

1777 Kündigung und schwere Krankheit, Rückreise nach Wandsbek und Geburt der Tochter Anna.

1778 Übersetzung der *Geschichte des egyptischen Königs Sethos, Sämtliche Werke 3. Teil.*

1779	Geburt der Tochter Auguste, Abfassung des *Abendlieds* und des *Kriegslieds*.
1780	Übersetzung von Ramsays *Reisen des Cyrus*.
1781	Geburt der Tochter Trinette, Kauf des Hauses an der Lübecker Straße.
1782	Übersetzung des umstrittenen Buchs von Saint-Martin, *Irrthümer und Wahrheit*.
1783	Geburt des Sohnes Johannes, *Sämtliche Werke 4. Teil*.
1784	Reise nach Schlesien, Weimar und Halberstadt, Geburt der Tochter Rebecca.
1785	Jahresrente des dänischen Kronprinzen.
1786	Geburt des Sohnes Matthias, der 1788 stirbt.
1788	Erster Revisor der Altonaer Species-Bank.
1789	Im Mai Geburt des Sohnes Fritz.
1790	*Sämtliche Werke 5. Teil*.
1792	Geburt des Sohnes Ernst.
1793	Besuch der Fürstin Gallitzin, erste Badereise nach Pyrmont.
1794	*Auch ein Beytrag über die Neue Politick*, Geburt des Sohnes Franz.
1796	Tod der Tochter Christiane, gleichnamiges Gedicht.
1797	Feier der silbernen Hochzeit; Heirat der Tochter Caroline mit Friedrich Perthes.
1798	*Sämtliche Werke 6. Teil*, Heirat der Tochter Anna mit Max Jacobi.
1799	Sohn Johannes beginnt eine Kaufmannslehre, Brief *An meinen Sohn Johannes*.
1800	Band 1 der Fenelon-Übersetzung.
1803	*Sämtliche Werke 7. Teil*.
1804	*Einfältiger Hausvater-Bericht über die christliche Religion*.
1809/11	Bände 2 und 3 der Fenelon-Übersetzung.
1812	*Sämtliche Werke 8. Teil*.
1813/14	Auf der Flucht vor den Kriegswirren, Westensee, Kiel, Lübeck.

1814 *Predigt eines Laienbruders*. Rückkehr nach Wandsbek im März. Im August Feier des 74. Geburtstags mit den Kindern.

1815 Verschlechterung des Gesundheitszustandes, Umzug nach Hamburg zu Perthes. Tod am 21. Januar, am 25. Beisetzung in Wandsbek.

Literatur

Quellen

Ausgabe von Matthias Claudius:
Werke in einem Band (Asmus omnia sua secum portans oder Sämtliche Werke des Wandsbeker Boten), hg. von Jost Perfahl, München 1984

Botengänge. Briefe an Freunde, hg. v. Hans Jessen, Berlin (1938) 1967
Asmus und die Seinen. Briefe an die Familie, hg. v. Hans Jessen und Ernst Schröder, Berlin 1940
Es gibt was Bessres in der Welt. Ausgewählte Werke, hg. von Hans-Jürgen Schultz, Gütersloh 1956

Sekundärliteratur

Berglar, Peter: Matthias Claudius, Reinbek (1972) 2010
Freund, Wolfgang: Matthias Claudius. Eine Untersuchung zur Frömmigkeit des Wandsbecker Boten und dessen Stellung in der Zeit, Jena 1988
Fechner, Reinhard (Hg.): Matthias Claudius 1740–1815. Leben, Zeit, Werk, Tübingen 1966
Görisch, Reinhard: Matthias Claudius oder Leben als Hauptberuf, Hamburg 1985
Kranefuss, Annelen: Matthias Claudius. Eine Biografie, Hamburg 2011
Kleßmann, Eckard: Der Dinge wunderbarer Lauf. Die Lebensgeschichte des Matthias Claudius, Jena 2010
Roedl, Urban: Matthias Claudius. Sein Weg und seine Welt, Hamburg 1969
Röpke, Georg-Wilhelm (Hg.): In Wandsbek zu Hause. Matthias Claudius der „Wandsbeker Bote", Hamburg 1990

Rowland, Herbert: Matthias Claudius, München 1990
Stammler, Wolfgang: Matthias Claudius der Wandsbecker Bothe, Halle 1915
Steiger, Johann Anselm: Matthias Claudius (1740–1815). Totentanz, Humor, Narretei und Sokratik, Heidelberg 2002
Stolte, Heinz: Matthias Claudius. Leben und Werk, Husum 1988

Bildnachweis

Zitate

Wir haben nun Claudius; ein trefflicher, sehr selbstän-
diger Mensch – so ungefähr wie Klopstock im Äussern,
nur mehr poetische Laune u. Leichtigkeit. Er ist derb,
kalt, u. schlägt allen Leuten in die Augen (…) weiß
übrigens nichts, was Geld und Gut ist, und ist über-
haupt sehr brav.
Johann Hinrich Merck (1776)

Er ist immer noch der alte Claudius, voll Einfalt und
unbestochener Wahrheit, und steht fest wie eine einge-
wurzelte Eiche.
Caroline Herder (1784)

Claudius gehört zu den wenigen in der deutschen
Gelehrtenrepublik namhaften Sterblichen, wo Mensch
und Schriftsteller die nämliche Person ausmachen und
wo man den einen so lieb gewinnen kann als den
andern.
Friedrich Matthisson (1810)

Weit entfernt von dieser Unruhe, von diesem Schwan-
ken zwischen Angst und maßlosem Vertrauen, ist Matthias Claudius, der wackere Wandsbecker Bote, der
zwischen Diesseits und Jenseits unermüdlich auf- und
abgeht und von allem, was er dort erfahren, mit
schlichten und treuen Worten fröhliche Botschaft
bringt. Wie der Abendglockenklang in einer stillen
Sommerlandschaft, wenn die Ährenfelder sich leise vor
dem Unsichtbaren neigen, weckt er überall ein wunderbares Heimweh.
Joseph von Eichendorff (1857)

Von einem der allergrößten deutschen Dichter, Matthias Claudius, hier einiges zur Mahnung, in welcher Zeit wir leben. (Sollte ein Volk, dem ein solcher Dichter verschollen ist, das ihn im Lesebuch begraben hat, nicht reif für Zwangsarbeit sein?)
Karl Kraus (1917)

Aber zuweilen hat viel Schlichteres, Weicheres den Vorrang – wobei vor allem Matthias Claudius nicht zu vergessen ist mit seinem „Diese Leiche hüte Gott", seinem Der Mond ist aufgegangen'. Darüber geht im Grunde nichts.
Thomas Mann (1948)